Metodologia do Ensino de História Geografia

Nesta reunião de oito volumes temos o cotejo da progressão epistemológica da história e da geografia aliada a propostas pedagógicas de atividades avaliativas e de aprofundamento dos conteúdos contemplados. O princípio norteador destas obras é oferecer instrumentos ao corpo docente que viabilizem uma maior sensibilização por parte dos alunos no que tange aos espaços histórico e geográfico, ambientes em que o indivíduo deve reconhecer-se como principal fator modificador.

Didática e Avaliação da Aprendizagem no Ensino de História

Didática e Avaliação da Aprendizagem no Ensino de Geografia

Professor-Pesquisador em Educação Histórica

Professor-Pesquisador em Educação Geográfica

Fundamentos Epistemológicos da História

Fundamentos Epistemológicos da Geografia

O Ensino de História e suas Linguagens

O Ensino de Geografia e suas Linguagens

Luis Lopes Diniz Filho

Fundamentos
Epistemológicos
da Geografia

EDITORA intersaberes

Rua Clara Vendramin, 58 , Mossunguê
CEP 81200-170 , Curitiba , PR , Brasil
Fone: (41) 2106-4170
www.intersaberes.com
editora@editoraintersaberes.com.br

Conselho editorial
Dr. Ivo José Both (presidente)
Dr.ª Elena Godoy
Dr. Nelson Luís Dias
Dr. Neri dos Santos
Dr. Ulf Gregor Baranow

Editora-chefe
Lindsay Azambuja

Supervisora editorial
Ariadne Nunes Wenger

Analista editorial
Ariel Martins

Análise de informação
Karina Quadrado

Revisão de texto
Tiago Krelling Marinaska

Capa
Denis Kaio Tanaami

Projeto gráfico
Bruno Palma e Silva

Diagramação
Icone Ltda.

Iconografia
Danielle Scholtz

Dados Internacionais de Catalogação na Publicação (CIP)
(Câmara Brasileira do Livro, SP, Brasil)

Diniz Filho, Luís Lopes

    Fundamentos epistemológicos da geografia / Luís Lopes
Diniz Filho. – Curitiba: InterSaberes, 2012. (Coleção
Metodologia do Ensino de História e Geografia; v. 6).

    Bibliografia.
    ISBN 978-85-8212-247-1

    1. Geografia – Filosofia 2. Geografia – História 3. Teoria do
conhecimento I. Título. II. Série.

12-08653   CDD-910

Índices para catálogo sistemático:
1. Geografia: Fundamentos epistemológicos 910

Foi feito o depósito legal.

1ª edição, 2012.

Informamos que é de inteira responsabilidade do autor a emissão de conceitos.

Nenhuma parte desta publicação poderá ser reproduzida por qualquer meio ou forma sem a prévia autorização da Editora InterSaberes.

A violação dos direitos autorais é crime estabelecido na Lei n. 9.610/1998 e punido pelo art. 184 do Código Penal.

Sumário

Apresentação, 9
Introdução, 11

Raízes da geografia científica: a busca por um conhecimento holístico do mundo, 15

    1.1   Um lugar para a geografia entre as ciências, 18

    1.2   Humboldt e Ritter: entre o racionalismo e o romantismo, 25

    1.3   A herança dos fundadores, 37

Síntese, 43

Indicações culturais, 44

Atividades de Autoavaliação, 45

Atividades de Aprendizagem, 48

A geografia tradicional: três caminhos para a síntese geográfica, 49

2.1 A ascensão do positivismo e do evolucionismo, 52

2.2 Ratzel e as origens da geografia humana, 58

2.3 A proposta regional de La Blache frente à questão das dualidades, 72

2.4 A polêmica determinismo *versus* possibilismo, 82

2.5 De Hettner a Hartshorne: a geografia como ciência da diferenciação de áreas, 91

2.6 Diversidade e atualidade da geografia tradicional, 102

Síntese, 107

Indicações culturais, 108

Atividades de Autoavaliação, 108

Atividades de Aprendizagem, 111

A organização espacial: promessas e dificuldades da aplicação do neopositivismo ao estudo do espaço, 115

3.1 Uma saída para a crise da geografia tradicional, 118

3.2 Construção de modelos ou abordagens históricas, 126

3.3 A geografia ativa: renovação dos métodos clássicos para o estudo de temas atuais e politizados, 134

3.4 A "Revolução Quantitativa" e sua crise, 144

Síntese, 147

Indicações culturais, 148

Atividades de Autoavaliação, 148

Atividades de Aprendizagem, 151

Espaço vivido e espaço social: alternativas ao neopositivismo, 155

4.1 A geografia humanista: em busca do "homem integral", 158

4.2 A teoria social crítica, 172

4.3 Identidade e unidade da geografia crítica, 186

4.4 Do marxismo ao ecletismo pós-modernista, 200

4.5 Ainda a questão das dualidades, 209

Síntese, 213

Indicações culturais, 214

Atividades de Autoavaliação, 214

Atividades de Aprendizagem, 217

Considerações finais, 221

Glossário, 225

Referências, 233

Bibliografia comentada, 249

Gabarito, 253

Nota sobre o autor, 259

Apresentação

Os quatro capítulos que compõem este livro dividem a história da geografia em duas fases principais: a primeira delas é caracterizada pelos estudos de síntese, especialmente em escala regional, enquanto a segunda se define por uma maior diversidade de propostas epistemológicas, centradas principalmente nos conceitos de organização espacial, espaço vivido e espaço social. Os dois primeiros capítulos tratam da formação e desenvolvimento da primeira perspectiva, enquanto os capítulos 3 e 4 tratam das propostas mais recentes. Na passagem de uma fase a outra, mostramos como as concepções de ciência de síntese vão sendo substituídas pela visão de que a geografia é uma ciência social, mas que se diferencia das demais pela perspectiva espacial e por estudar as formas de apropriação da natureza.

A seção final é breve e seu objetivo é chamar a atenção para a atualidade dos diversos temas e abordagens desenvolvidos ao longo da história da disciplina, bem como refletir sobre o papel da epistemologia para a pesquisa e o ensino da Geografia. Realmente, se é verdade que em cada época podemos identificar algumas tendências que predominam sobre as outras, isso não quer dizer que a história de uma ciência possa ser pensada como uma sucessão de fases bem demarcadas, dentro das quais haveria uma homogeneidade dos modos de pensar. O objetivo é levar o leitor a conhecer os fundamentos epistemológicos das diversas propostas de estudo geográfico e indicar os caminhos que assim se abrem diante dele.

Nesse sentido, a disciplina se insere no programa do curso como um subsídio indispensável para a formação de professores numa perspectiva continuada, já que as práticas pedagógicas precisam estar alicerçadas no conhecimento dos processos de produção e legitimação de conhecimentos que se propõem científicos, os quais são trabalhados com os estudantes nos três níveis de ensino. Insere-se também na estrutura do curso como complemento às discussões relativas aos fundamentos epistemológicos da história e como base para uma avaliação contextualizada dos currículos de Geografia.

Introdução

Classificar autores em correntes ou tendências de pensamento é sempre muito útil como recurso didático, pois permite fazer uma síntese de suas principais ideias, além de dar destaque às semelhanças e diferenças entre elas. Serve também para mostrar que o abandono de teorias que pareciam verdades incontestáveis em certa época, bem como o declínio do interesse por alguns temas, nunca são eventos exclusivos de uma ciência; eles se relacionam sempre à trajetória dos debates filosóficos e científicos mais amplos e, como não poderia deixar de ser, a grandes mudanças históricas.

Cada vez que ocorre uma mudança de paradigma numa ciência, muda-se também a forma de interpretar a herança deixada pelos paradigmas anteriores. Cientistas premiados e influentes em seu tempo podem ser mais tarde lançados num quase esquecimento, enquanto outros, pouco notados em vida, conquistam um reconhecimento póstumo. Daí que, embora certas formas de classificar os autores em correntes e subcorrentes de pensamento sejam duráveis, de tempos em tempos é preciso rever as interpretações feitas sobre suas obras. Diferenças consideradas fundamentais numa época podem, mais tarde, ser vistas como pouco relevantes, como o leitor verá no capítulo 2, por exemplo.

Sendo assim, o que se apresenta ao leitor neste livro é justamente a forma mais usual de classificação dos autores que foram importantes para a história da Geografia, ou seja, um agrupamento desses geógrafos em correntes de pensamento que são de uso frequente nos trabalhos e disciplinas de epistemologia. Adicionalmente, foram feitas breves introduções às escolas de pensamento filosófico e científico que influenciaram o surgimento de cada uma dessas tendências, a fim de contextualizá-las de modo mais completo.

Mas isso não significa que este livro vise apresentar apenas um resumo descritivo das ideias dos geógrafos mais importantes para a história da disciplina. Ao discorrer sobre os dilemas epistemológicos enfrentados pela geografia, sobretudo quando diante de grandes transformações científicas e históricas, esta obra apresenta algumas interpretações sobre as causas e consequências das escolhas feitas pelos geógrafos para resolvê-los. E as questões centrais a que se referem essas interpretações são: o que é ciência e o que faz da Geografia uma disciplina científica, segundo cada uma de suas vertentes?

Nesse sentido, evitamos adotar neste livro um tipo de abordagem muito comum em trabalhos de epistemologia, que é o de interpretar a história da ciência como um movimento progressivo que culminaria com a chegada de uma proposta epistemológica que poderia ser considerada superior às anteriores. Pelo contrário, procuramos mostrar aqui a atualidade de todas as correntes da geografia em que pesem os diversos problemas teóricos e epistemológicos apontados em cada uma delas. O objetivo é mostrar ao leitor as muitas vias possíveis para a pesquisa e o ensino em Geografia, bem como os desafios a serem enfrentados em cada uma delas. Comecemos então por explicar como se constituiu o projeto de uma ciência holística, base para o surgimento da geografia.

Capítulo 1

Há um consenso entre os historiadores do pensamento geográfico[m]*
de que a origem da geografia científica se deu na primeira metade do
século XIX, com os estudos dos naturalistas Alexander von Humboldt
(1769-1859) e Carl Ritter (1779-1859).
Dessa época até pelo menos meados do século XX, os geógrafos pautaram-se pela concepção de que a originalidade da geografia reside em
seu papel de "ciência de síntese" e sempre se reportavam às obras desses
autores para justificar a cientificidade dos métodos que utilizavam.

* A presença do ícone [m] indica a inclusão do termo em questão no Glossário, ao final da obra.

Raízes da geografia científica: a busca por um conhecimento holístico do mundo

Isso quer dizer que, ao contrário das ciências que estudam conjuntos específicos de fenômenos, tais como a física, a geografia buscava revelar a lógica que articula um vasto conjunto de fenômenos naturais e sociais num todo coerente, em escala global e regional. Esse pressuposto de que existe uma unidade global acessível ao conhecimento científico foi resultado da combinação do racionalismo[m] iluminista com vertentes de pensamento que lhe eram opostas, como o idealismo germânico e o romantismo[m]. Para entendermos como essa combinação foi possível e o motivo de sua influência tão durável, é preciso observar como o projeto da ciência de síntese foi trabalhado pelos fundadores.

1.1 Um lugar para a geografia entre as ciências

Embora a origem da geografia científica remonte ao século XIX, já existia um pensamento geográfico que vinha desde a Antiguidade. A elaboração de representações e discursos sobre o espaço não é monopólio da geografia acadêmica, e sim uma atividade que se realiza em qualquer época e em todos os campos da cultura, já que toda sociedade necessita conhecer o espaço em que habita para controlá-lo e para dele extrair os recursos com os quais produz sua cultura. Assim, a geografia nada mais é do que um discurso constituído historicamente, institucionalizado e caracterizado por uma sistematização de tipo científico. Aliás, o próprio conteúdo atribuído ao rótulo *geografia* varia ao longo do tempo, bem como entre autores de uma mesma época e lugar.

Desse modo, as relações homem-natureza, as representações cartográficas, os relatos de viagem e a descrição regional são formas de pensamento geográfico que acompanham a humanidade desde as civilizações clássicas do Egito, da Grécia e do Império Romano. O astrônomo e matemático Cláudio Ptolomeu (83?-161? d.C.) costuma ser apontado como o fundador da abordagem cartográfica e matemática no estudo da superfície terrestre, enquanto o historiador, filósofo e geógrafo Estrabão (63?a.C.-24? d.C.) é valorizado pelos seus estudos históricos de diferenciação regional. No primeiro caso, temos um estudo de tipo nomotético (do grego *nomos*, que significa "lei"), voltado para a descoberta de relações e leis gerais. No segundo, um trabalho de tipo idiográfico (do grego *idios*, que significa "o que é próprio", "especial"), interessado em revelar as particularidades de cada região.

Após a revolução científica iniciada na Renascença, a partir dos esforços de Francis Bacon (1521-1626), aparecem os primeiros trabalhos que procuram integrar o estudo das formas e distribuições presentes na superfície da Terra, com base na cartografia e na matemática, com estudos históricos e descritivos sobre regiões particulares. Esses trabalhos podem ser vistos como precursores da concepção de **ciência de síntese**, ou **corológica**, sob a qual viria a se desenvolver a geografia tradicional[m], e por isso há um consenso razoável de que é somente depois da Renascença que se constituem os requisitos necessários para o surgimento da geografia como ciência. Porém, os trabalhos produzidos nessa época não chegaram a criar um conjunto sistemático de interpretações sobre os fenômenos estudados e, sendo assim, não existia ainda a geografia como forma de conhecimento individualizada, distinta das outras.

A revolução científica só se consolidou muito mais tarde, graças ao brilhante trabalho de aplicação da matemática ao estudo dos fenômenos físicos realizado por Isaac Newton. Seu sucesso em formular leis gerais explicativas de uma vasta gama de fenômenos físicos desencadeou uma série de consequências de grande alcance científico e cultural. Uma delas foi ter aberto caminho para o fortalecimento, no âmbito científico, de uma visão de natureza do tipo mecanicista e determinista, que já estava presente nos escritos de Galileu Galilei e de René Descartes (Gallina, 2004). Todos os fenômenos físicos poderiam ser explicados e previstos mediante a aplicação de leis expressas por fórmulas matemáticas, tal qual o funcionamento de um relógio é explicado pelo conhecimento das suas engrenagens e dos movimentos de cada uma delas. O cientista, à semelhança do relojoeiro, identifica e isola os fenômenos naturais e aplica a metodologia científica[m] para descobrir as leis que os regulam.

Assim, principalmente do século XVIII em diante, é que a metodologia científica, baseada na observação, experimentação e dedução, consolidou-se como base das ciências naturais, conforme acontece nos nossos dias. A quantificação e a linguagem matemática desempenham um papel central dentro desse método, pois não é possível provar uma hipótese científica, conferindo-lhe, assim, o *status* de "lei da física", a não ser por meio de testes quantitativos, ou seja, de experimentos em laboratório. A física se firmou como um modelo de ciência a ser reproduzido pelos estudiosos de outras áreas que se preocupavam em provar a cientificidade dos seus trabalhos pelo emprego de métodos de pesquisa rigorosos. Surgiu, assim, um novo tipo de estudioso – ele usa a linguagem matemática como ferramenta básica de trabalho e se preocupa com questões de método, não com especulações metafísicas sobre a "essência" por trás dos fenômenos. Mais ainda, a confiança racionalista de que é possível se chegar a um conhecimento objetivo da realidade pelo uso do método científico[m] alcançou diversos outros campos de atividade intelectual além da ciência, tais como a política, o estudo da história e até a reflexão moral, conforme o leitor verá mais adiante.

Essa expansão do espírito racionalista chegou também ao pensamento geográfico, embora de maneira um tanto tardia. Até o início do século XIX, o termo *geografia* consistia principalmente em narrativas de viajantes, as quais, frequentemente, davam muito mais importância à descrição de paisagens e acidentes geográficos do que à cultura e à história dos povos encontrados pelo caminho. A demora no estabelecimento de bases científicas para a investigação de temas geográficos pode estar relacionada às dificuldades de se aplicar o modelo da ciência físico-matemática, consolidada por Isaac Newton, ao estudo de fenômenos sociais e de muitos fenômenos da natureza que envolvem relações entre elementos variados.

A via encontrada pelo racionalismo iluminista para lidar com esses dois tipos de fenômenos foi a **história natural**, ciência que incluía tanto a história da natureza como também a história civil. O naturalista George-Louis Leclerc, o Conde de Buffon (1707-1788) – que integrava uma vertente do iluminismo mais ligada à ciência do que às reflexões políticas dos "ideólogos" –, procurou fundamentar essa proposta em seus livros. Ele discutiu as identidades e distinções metodológicas entre os dois tipos de abordagens históricas e afirmou a necessidade de integrá-las numa ciência única, pondo, assim, em relevo o tema da luta do homem contra as "forças naturais", isto é, das relações homem-natureza. Na vertente política do iluminismo houve também contribuições a essa proposta, como se pode ver em Montesquieu. Esse autor escreveu a respeito das influências da natureza sobre o homem e sobre as formas de organização política, além de redigir o *Projeto de uma história natural da terra antiga e moderna* para a Academia de Bordeaux. E, embora esse projeto não tenha sido realizado, ele propunha o estudo de temas tão diversos quanto os terremotos, a descrição dos acidentes geográficos, e ainda os resultados da ação humana sobre a superfície terrestre (Quaini, 1983, p. 60-62). Nesse contexto, a abordagem histórica se tornou um caminho complementar ao da ciência físico-matemática na busca por um conhecimento completo da natureza, bem como o pilar central para o desenvolvimento das ciências humanas, ainda embrionárias.

No caso da formação da geografia, é amplamente reconhecida a influência do filósofo iluminista Immanuel Kant (1724-1804) nas reflexões realizadas pelos geógrafos a respeito do objeto e dos métodos dessa ciência. Kant foi um dos maiores filósofos de todos os tempos e também ministrou um curso de geografia física na universidade de Könisgberg (o mais prestigiado da época) durante 48 semestres. No entanto, a contribuição desse autor à geografia não estava na elaboração do conteúdo das aulas, o qual consistia em descrições superficiais e, de acordo com o uso dado na época à expressão *geografia física*, incluía o tema da distribuição de plantas, animais e pessoas. O que importou para os geógrafos foi a proposta de classificação das ciências elaborada por esse autor, a primeira dentro da qual se afirmam a especificidade e o valor da geografia.

Para explicar essa classificação, é interessante falarmos um pouco sobre a filosofia kantiana, embora as ideias desse autor sobre a geografia já estivessem estabelecidas antes que ele formulasse o seu sistema filosófico. Devemos dizer que Kant, cujo pensamento se insere na tradição idealista, concebia a filosofia como uma **teoria do conhecimento**. Assim, uma das questões fundamentais que ele se propôs a responder foi esta: como é possível a ciência físico-matemática? Ou melhor, como foi possível a Newton formular leis objetivas, capazes de explicar os dados observados como relações necessárias entre as coisas, e até de preverem o comportamento dos fenômenos? (Hamm, 2004). A resposta é que a objetividade das leis científicas é possível porque não são os nossos conceitos que se ajustam aos objetos do conhecimento, mas sim os objetos do conhecimento que se ajustam aos nossos conceitos. Segundo Kant, tanto a observação dos fenômenos quanto a elaboração de leis explicativas constituem um conhecimento fundado nas intuições de tempo e de espaço e também nas categorias do entendimento, tais como as de causalidade, substância, necessidade e outras. Nesse sentido, tempo e espaço não são propriedades das coisas, mas apenas formas da percepção. Do mesmo modo, as categorias do entendimento não provêm dos objetos, pois são apenas conceitos *a priori* (isto é, independentes da experiência), que aplicamos às percepções sensíveis para formular juízos sobre os fenômenos, juízos como **A é B** ou **A não é B**. Se dissermos, por exemplo, "o calor dilata os corpos", estamos formulando um juízo que se funda na categoria *causalidade* para apresentar um fenômeno como relação de causa e efeito.

Assim, o conhecimento não tem acesso às coisas em si mesmas. Tudo o que podemos conhecer são os fenômenos, isto é, os objetos tal como eles aparecem na experiência, pois o tempo, o espaço e as categorias do entendimento não são propriedades dos objetos que conhecemos, mas apenas condições do próprio conhecimento. Portanto, a identidade entre as relações expressas pelas equações dos físicos e os dados da experiência se deve ao fato de que as mesmas categorias pelas quais se formulam as leis físicas são também constituintes da observação dos fenômenos (Kant, 1985).

No entanto, Kant afirma que a **ciência newtoniana** é apenas um dos fatos do conhecimento, aquele que diz respeito à relação do sujeito com os objetos da natureza. Existe ainda um outro fato, que é **o conhecimento do próprio mundo humano**, o qual se constitui na reflexão ética. Da distinção entre esses dois tipos de conhecimento surge a impossibilidade de uma epistemologia única para tratar do homem e da natureza, já que a ética, embora integre o conjunto dos conhecimentos sobre o homem, não opera com a aplicação de categorias às percepções sensíveis. Isso parece representar um problema para a geografia, que, já nas aulas de Kant, apresentava-se como um conhecimento que insere homem e natureza num mesmo campo de relações espaciais.

Kant explicou o que entende por geografia na introdução às suas conferências didáticas, na qual ele faz uma distinção entre a antropologia e a geografia, sendo a primeira dedicada ao estudo do homem e a segunda ao estudo da natureza. Mas o leitor deve ficar atento para o significado que essas denominações tinham na época. A palavra *antropologia* se refere aí a um conhecimento que advém dos "sentidos internos", isto é, da percepção do mundo interior do homem – um sentido próximo ao que hoje atribuímos à palavra *psicologia*. Já o termo *geografia* diz respeito ao conhecimento das coisas que percebemos com nossos "sentidos externos", quer dizer, a natureza. O estudo da geografia física é, assim, a base para todos os ramos da geografia que, segundo o filósofo alemão, abrangem os seguintes temas: a forma da Terra e sua posição no sistema solar; as diferenças de costumes e códigos morais entre populações de diferentes regiões do globo; as relações entre as unidades políticas, como os Estados e suas respectivas localizações; a influência da distribuição dos recursos naturais no comércio internacional e, por fim, Kant fala na **geografia**

teológica, a qual "examina as mudanças que se processam nos princípios teológicos, em diferentes meios", como as variações do cristianismo em diferentes partes da Europa, por exemplo (Tatham, 1960, p. 558-559). Portanto, Kant qualifica a geografia física como uma ciência que estuda as relações espaciais entre elementos heterogêneos, mas não lhe atribui a função de produzir leis gerais no mesmo sentido em que a ciência físico-matemática o faz, mas sim a de fornecer um arcabouço de conhecimentos para ordenar as percepções sobre o mundo. Essa disciplina é um conhecimento preliminar que fornece uma visão do todo para permitir a sistematização das experiências obtidas nas viagens, preparando o caminho para os estudos mais particularizados. Assim, por estabelecer que não existe uma via única para a produção de conhecimento científico, Kant chega a um sistema de classificação das ciências em dois grupos principais: o das **ciências sistemáticas**, que elaboram leis gerais a partir do estudo de categorias específicas de fenômenos (caso da física), e o das **ciências empíricas**, que organizam as percepções sensíveis, isto é, os conhecimentos empíricos. Entre estas últimas, estão aquelas que descrevem os fenômenos segundo conceitos – por exemplo, pelo sistema de classificação das espécies criado por Carlos Lineu[*] (1707-1778) – e aquelas que os descrevem segundo sua distribuição no tempo e no espaço. A história figura, aí, como uma ciência empírica que descreve (narra) os acontecimentos que se sucedem no tempo, enquanto a geografia física descreve os fenômenos que ocorrem simultaneamente no espaço.

O que se tem aí é um sistema das ciências que reserva à geografia uma função e um valor específicos, mas que não sinaliza caminhos para a elaboração dos métodos pelos quais seria possível transformar as descrições da paisagem e os relatos de viajantes em trabalhos científicos, ou

---

[*] Carolus Linnaeus, em português Carlos Lineu, e em sueco, após nobilitação, Carl von Linné.

seja, capazes de formular leis. Isso não necessariamente significa que Kant acreditasse que a geografia devesse se restringir a descrever minuciosamente as relações espaciais sem produzir qualquer tipo de raciocínio mais geral ou abstrato. O geógrafo Paulo César da Costa Gomes, com base em estudos da obra kantiana, destaca que o sentido de palavras como *empirismo* e *natureza* eram muito diversos na época de Kant, pois, para esse filósofo, a "ciência empírica se referia somente a uma primazia da experiência, sem, no entanto, recusar a utilização de conceitos e categorias advindas do raciocínio", de maneira similar às ciências sistemáticas (Gomes, 2003, p. 139).

De todo modo, é amplamente reconhecido que as considerações de Kant sobre a geografia eram insuficientes para estabelecê-la como uma disciplina científica. Esse trabalho só podia ser realizado pelos estudiosos da história natural, diretamente empenhados em construir conhecimentos científicos sobre os fenômenos naturais e humanos que ocorrem na superfície terrestre. Os geógrafos destacam principalmente Humboldt e Ritter como os naturalistas que ofereceram as contribuições mais relevantes para estabelecer métodos científicos de estudo de temas geográficos.

1.2 Humboldt e Ritter: entre o racionalismo e o romantismo

A maioria dos historiadores da geografia aponta Humboldt como o primeiro a estabelecer, de fato, as bases de uma ciência geográfica. Ele foi um grande explorador, mas, à diferença dos viajantes do século XVIII, preocupava-se menos com a descoberta de fatos novos do que em revelar as relações que existem entre eles. Esse espírito científico era fruto do conhecimento que ele adquiriu das ideias iluministas em voga na Europa do Século das Luzes, por meio de seus estudos na universidade, da correspondência com estudiosos de diversas áreas e até de contatos pessoais com "ideólogos" e filósofos franceses ilustres do período. A influência do materialismo racionalista, que afirma a existência de leis naturais explicativas dos fenômenos da natureza e valoriza o rigor metodológico como critério de verdade das teorias científicas, foi, assim, marcante na formação de Humboldt. Daí porque suas publicações afirmam, reiteradas vezes, a importância de utilizar métodos científicos como condição para descobrir as leis que explicam as relações entre os fenômenos observados na paisagem. Mais do que isso, foi ele quem "fundou os métodos de observação de quase todos os setores da Geografia Física" (De Martonne, 1953, p. 12).

A esse respeito, podemos lembrar que Humboldt sistematizou o emprego das **isolinhas** na cartografia, chegando a traçar a primeira carta de **isotermas**. Outra contribuição científica importante foi a descoberta de que as correntes marítimas frias podem produzir climas áridos em áreas próximas do litoral, uma das mais claras demonstrações da possibilidade de descobrir relações de causa e efeito que atuam como leis gerais explicativas das influências mútuas dos elementos da natureza. Isso ficou demonstrado também quando Humboldt estruturou a geografia botânica (hoje chamada *fitogeografia*), ao descobrir que a altitude e a latitude determinam certas características das plantas, o que serviu de base para a elaboração de sistemas classificatórios das espécies vegetais de acordo com os tipos de ambiente. Devido a descobertas como essas, os geógrafos costumam apontá-lo como o fundador da geografia geral, também chamada *geografia sistemática*, ramo da disciplina que visa descobrir as leis que definem os padrões de distribuição espacial dos elementos físicos e humanos e as relações entre elementos heterogêneos na superfície terrestre.

Mas é bom ressalvar que, da época de Humboldt até meados do século passado, a expressão *geografia geral* não se referia ainda ao objetivo de elaborar leis por meio de generalizações, conforme estabelece a metodologia científica, mas sim a estudos comparativos que visavam demonstrar o caráter unitário dos fenômenos presentes na superfície terrestre. Comparavam-se os fenômenos ocorridos numa área do planeta a fenômenos análogos encontrados em outras áreas, de forma a demonstrar que existiriam princípios gerais de evolução capazes de explicar as particularidades encontradas em cada área. Exemplo disso era o uso de um modelo geral de evolução das formas litorâneas para classificar os vários tipos de litoral segundo o estágio de formação de cada um deles (Christofoletti, 1982a, p. 13). Nesse sentido, é somente a partir da **geografia quantitativa**[m], conforme o leitor verá no terceiro capítulo, que a geografia geral passa a ser entendida em seu significado contemporâneo. De qualquer forma, é a Humboldt que os geógrafos dessa e de outras correntes mais atuais costumam atribuir a origem da abordagem sistemática das distribuições espaciais e das formas de integração entre elementos.

Assim como Humboldt, Ritter também se preocupou em estabelecer parâmetros para o estudo científico de temas geográficos. Ritter, citado por George Tatham (1960, p. 563), afirmava a supremacia da observação como fonte de conhecimento: "meu sistema não repousa na formulação de teorias ('räsonnement'), mas em fatos". Estava convicto de que os fenômenos presentes na superfície terrestre eram regidos por leis e propôs adaptar o método comparativo, que dera bons resultados nos estudos de anatomia e de outros campos científicos, ao estudo dessas leis. Rejeitava, assim, os trabalhos de geografia que se limitavam a fazer descrições e propunha a aplicação de sistemas classificatórios para organizar as informações (ele próprio formulou uma classificação elementar dos tipos de relevo) e do método comparativo para descobrir as relações de causa e efeito que explicam os fenômenos. Desse modo, embora Ritter atribuísse a Humboldt a invenção do método comparativo, o uso que fez dele em diversos estudos de caráter idiográfico ou regional levou os historiadores da geografia a considerá-lo como o principal elaborador desse método e, por conseguinte, como o fundador da geografia regional.

É interessante assinalar as semelhanças e diferenças entre as contribuições que ambos ofereceram para os estudos geográficos. Enquanto Humboldt nasceu numa família aristocrática e realizou expedições de exploração à América do Sul e à Sibéria (chegando a gastar recursos próprios), Ritter veio de uma família relativamente modesta, trabalhou a vida toda como professor e suas viagens se restringiram ao continente europeu*. Ele sempre escrevia a respeito dessas viagens, mas, ao contrário de Humboldt e de outros naturalistas, preocupava-se pouco com a descrição das paisagens. Tudo o que lhe interessava era estabelecer as bases de um conhecimento geográfico científico nos moldes das ciências naturais. É por isso que a maior parte dos trabalhos de Ritter dizia respeito à África e à Ásia, continentes onde ele nunca esteve, mas sobre os quais estudou muito. Vale ainda mencionar que Ritter destacou, bem mais do que Humboldt, a importância de demonstrar as influências da natureza sobre a história humana, tendo chegado a propor que o estudo dos elementos naturais é importante para a geografia apenas como embasamento para o estudo do homem. Por esse motivo, é comum a afirmação de que Ritter possuía uma visão antropocêntrica da geografia, já que, para ele, todos os estudos convergiriam direta ou indiretamente

---

* Segundo George Tatham, a educação que Ritter recebeu na juventude, por estar baseada no método Pestalozzi, teria contribuído para despertar a curiosidade dele pela geografia. Vale a pena reproduzir uma parte do seu comentário para mostrar que esse método pedagógico antecipou algumas ideias caras às propostas contemporâneas para o ensino de geografia: "Dava-se importância [...] às relações espaciais. Os estudantes aprendiam a observar as relações entre as coisas em sua vizinhança imediata: a escola, depois, o pátio da escola, a seguir, a região local e os limites da área estudada iam-se expandindo gradualmente até abranger o mundo inteiro." (TATHAM, 1960, p. 560).

para o entendimento das relações homem-natureza (Ritter, 2008a). Assim, embora por caminhos diferentes, os dois contribuíram para a construção de uma ciência da natureza e do espaço, motivo pelo qual conheciam e admiravam os escritos um do outro.

Foi justamente o interesse num conhecimento holístico da realidade que aproximou suas concepções científicas, apesar de terem tido formações acadêmicas muito distintas (Humboldt se aprofundou principalmente nas ciências da natureza, especialmente botânica e geologia, enquanto Ritter possuía uma sólida formação filosófica). O objetivo maior da ciência, para eles, era desvendar as leis que dão unidade à natureza, a qual compreende não só o conjunto de todos os elementos do universo não criados pelo homem, mas também o próprio homem. A geografia consistiria, assim, **no estudo das relações entre elementos heterogêneos na superfície terrestre, com o fim de revelar a sua unidade intrínseca** (o restante do universo caberia à astronomia e a outras ciências investigar).

Essa visão holística da realidade deriva de duas vertentes de pensamento que tiveram grande influência na formação intelectual de Humboldt e Ritter, que foram o **idealismo germânico** e o **romantismo**. O curioso é que essas correntes, de grande prestígio entre os autores de língua alemã do final do século XVIII, surgiram como reações ao racionalismo e ao materialismo da ciência iluminista. Para entender como a preocupação racionalista com a cientificidade da geografia se combinava a influências idealistas e românticas nas obras de Humboldt e Ritter, faz-se necessária uma breve explicação sobre estas últimas.

Comecemos pelo idealismo germânico do final do século XVIII e primeira metade do XIX, cujos filósofos mais importantes foram Johann G. Fichte (1762-1814), Friedrich W. J. Schelling (1775-1854) e Georg W. F. Hegel (1770-1831). Esses autores divergem da proposição kantiana de que a filosofia é uma teoria do conhecimento, contrapondo que a questão filosófica primordial é a questão do ser. Assim, de forma bastante esquemática, para fins puramente didáticos, podemos indicar quatro traços comuns no pensamento deles. O primeiro é a ideia de que a filosofia deve ter como ponto de partida de suas reflexões o "absoluto", algo que existe sem estar condicionado por nada, sendo, assim, eterno e imutável. O segundo é a **caracterização desse ser como espiritual** e não feito de matéria. O terceiro é a ideia de que esse espírito, embora imaterial, **manifesta-se em todas as coisas, no tempo e no espaço.** Assim, o universo, a história da natureza e dos homens, o próprio homem, tudo é uma manifestação desse ser e evolui segundo a natureza intrínseca dele. Finalmente, o quarto traço comum é a proposição de que **seria possível conhecer esse "absoluto" em todos os seus aspectos por meio de um método filosófico** que consiste em duas etapas: partir de uma **"intuição intelectual"** capaz de revelar, de forma imediata, o que é esse "absoluto", essa existência incondicionada, e depois proceder a uma **determinada operação discursiva e dedutiva** para demonstrar como ele se desdobra no mundo dos fenômenos, a lógica pela qual ele se manifesta concretamente (Morente, 1970).

Uma vez respondida a questão de saber o que é o "absoluto", e uma vez definido como deve ser a operação seguinte, chega-se a um sistema filosófico de grande abrangência explicativa. Esse sistema variava muito de um filósofo para outro, já que cada um deles tinha visões muito diferentes sobre o que seria o "absoluto" e suas manifestações na natureza e no homem (Gonçalves, 2004, p. 70-71), mas todos esses sistemas mantêm os quatro elementos básicos descritos acima. Para Schelling, que influenciou muito os fundadores da geografia, o espírito é a harmonia que vemos na natureza, é a identidade de todas as coisas, as quais, embora aparentemente muito distintas entre si, são, na verdade, uma coisa só. Ele dizia que, se observamos um corpo que se cristaliza numa forma de hexaedro, é porque ele traz essa forma dentro de si; se pulverizamos esse corpo e vemos que cada uma de suas partículas mantém a forma hexaédrica, é porque em todas elas há um espírito hexaédrico (Morente, 1970). Em todas as coisas, por mais diferentes que pareçam ser uma da outra, é possível enxergar uma identidade comum, uma harmonia que está também na natureza em seu conjunto. Nesse sentido, todas as transformações da natureza podem ser explicadas como a manifestação dessa essência espiritual no tempo e no espaço, o que implica afirmar a existência de uma teleologia, isto é, de uma finalidade que dá sentido à dinâmica e à história da natureza. Não é à toa que o sistema filosófico de Schelling recebe a designação de *filosofia da natureza*.

Vemos, assim, que esses sistemas filosóficos idealistas eram bastante ambiciosos, pois visavam servir de base para todas as formas de conhecimento, tanto filosófico quanto científico. Com eles, pretendia-se explicar simplesmente tudo: a essência das coisas, que é o "absoluto", e também os processos naturais, a história humana, a evolução do pensamento, a relação homem-natureza e assim por diante. Portanto, não é difícil perceber que a filosofia idealista desses autores, embora se propusesse a ser a base da ciência, negava vários pressupostos da metodologia científica construída no caminho que vai de Bacon a Newton.

Contrariamente à ideia de que a ciência estuda apenas os fenômenos, esses filósofos idealistas afirmam que há uma essência metafísica em todas as coisas (o "absoluto") que não se revela diretamente nas observações e experimentos dos cientistas. Em vez de conceber o conhecimento científico como produto exclusivo da observação, experimentação e dedução, esse tipo de idealismo afirma a possibilidade de um conhecimento imediato, ao mesmo tempo intuitivo e racional, e propõe combinar a faculdade da razão a outras, tais como a imaginação, a emoção e o prazer estético. Schelling procurava justamente fazer essa ponte entre a razão e a apreciação estética ao identificar a harmonia que vemos na natureza à essência espiritual de todas as coisas, de sorte que a natureza seria dotada de uma força própria que poderia ser entendida em si mesma como poética (Gonçalves, 2004, p. 74). Finalmente, vemos que essa corrente idealista inspira a ideia de uma ciência holística, diferente daquela baseada na visão mecanicista de natureza. Se há uma essência única para todas as coisas, que faz da natureza um todo, um grande organismo, então as ciências especializadas não são suficientes para a explicação dos fenômenos naturais. Mais ainda, a ciência se empobrece quando faz uso da análise, ou seja, da identificação e isolamento de um fenômeno com vistas a descobrir as leis que o regulam. A verdadeira ciência deveria estar baseada na síntese, na descrição pormenorizada que serve de base para analogias e comparações. Em resumo, seria possível e necessário haver uma ciência universal, uma ciência da integração entre os fenômenos.

Essas concepções idealistas estavam, assim, muito próximas das visões de conhecimento, ciência e natureza elaboradas pelo romantismo a tal ponto que a filosofia da natureza e outros sistemas idealistas da época podem ser classificados como *românticos*. O termo *romantismo* designa um conjunto bastante heterogêneo de produções artísticas e intelectuais, mas seu elemento de identidade mais marcante é a oposição ao racionalismo iluminista em todos os seus aspectos, formando uma autêntica simetria nas propostas (Gomes, 2003). Contra o objetivo de construir leis gerais e modelos abstratos para a explicação dos fenômenos particulares, os românticos afirmavam o valor do conhecimento detalhado daquilo que é único como meio para compreender a unidade subjacente aos fenômenos. A uma ciência puramente racional e desprovida de metafísica, o romantismo contrapunha uma ciência que buscasse combinar a razão à imaginação, à emoção e ao senso estético para chegar ao conhecimento de uma essência que é espiritual. Por fim, contrariamente à concepção de natureza como mecanismo a ser estudado analiticamente, os autores românticos afirmavam que a natureza constitui um todo que só pode ser compreendido por uma série de estudos sintéticos, ou seja, descritivos, analógicos e comparativos.

Ora, o modelo de ciência que Humboldt perseguia era justamente o das correntes críticas do racionalismo materialista, pois as concepções de natureza e de ciência que ele defendia eram inspiradas pela filosofia da natureza e por outras vertentes românticas. Embora Humboldt estivesse interessado em descobrir leis capazes de explicar a unidade da natureza, entendida, assim, como um todo orgânico, sabia que essas leis não se revelavam de imediato nas observações de campo. Daí que o seu método de estudo da paisagem tinha como primeira etapa um exercício de observação de tipo estético, cujo objetivo seria suscitar no observador uma intuição daquela unidade dos fenômenos. O estudo prosseguia com o trabalho de campo propriamente dito, no qual eram feitas descrições detalhadas das plantas, animais e das características do ambiente, além de medições de variáveis como altitude, temperatura e pressão atmosférica. Porém, o papel do juízo estético não terminava na etapa inicial da pesquisa, pois Humboldt redigia seus trabalhos fazendo uso frequente da linguagem literária e de imagens poéticas nas descrições das paisagens. Do racionalismo iluminista ele herdou a preocupação com o rigor metodológico e o objetivo de formular leis gerais, mas partilhava com os críticos do racionalismo uma visão organicista de natureza e a convicção de que a ciência deve combinar a razão a outras faculdades.

A obra de Ritter também manifestava essa confluência de racionalismo e romantismo, embora possamos dizer que a importância das ideias antirracionalistas foi maior na obra dele do que na de Humboldt (Claval, 1974, p. 34; Gomes, 2003, p. 174). Como vimos, Ritter afirmava a importância da observação como ferramenta de conhecimento e a punha em contraste com a especulação puramente teórica, além de haver contribuído para estabelecer métodos sistemáticos para o estudo da geografia. Isso revela certa influência racionalista sobre seu modo de pensar, mas à qual se combinava uma visão de natureza própria do idealismo de Schelling e de outras vertentes do romantismo, ou seja, uma visão organicista, metafísica e teleológica. Ritter concebia a **natureza como um "todo"** e propunha que o objetivo maior da ciência era revelar a unidade e identidade de todos os elementos que o compõem, aí incluídos o homem e suas relações com o ambiente. Assim, a ideia de que existe uma finalidade de ordem divina inerente à natureza era fundamental para a maneira como Ritter (2008b) estabelecia relações causais entre os fatos da história humana e o ambiente natural. Ele acreditava que as formas da superfície terrestre obedeciam aos planos de Deus em relação ao homem, pois as influências dessa e de outras características naturais determinariam os rumos da história. Ele explicava o expansionismo europeu, por exemplo, como uma consequência da forma triangular da Europa e da proporção entre a sua massa de terra emersa e as massas de água à sua volta, fatores que dariam aos povos desse continente uma tendência às explorações marítimas e ao comércio com outras regiões. Em contraste, a África teria uma forma elíptica, a mais simples de todas as formas, o que levaria os povos africanos a um padrão de comportamento histórico que tende ao isolamento e, portanto, ao atraso.

Por esse breve resumo das ideias de Humboldt e Ritter é possível perceber que cada um deles assimilou e fez uso das ideias antirracionalistas de maneira diferente e que essa diferença se refletiu em seus estudos. No caso de Humboldt, a unidade da natureza consistia numa harmonia estética que, embora essencialmente espiritual, como na filosofia da natureza de Schelling, prescindia de referências diretas a um Deus criador para explicar os fenômenos naturais. Ele se referia principalmente a relações causais entre os elementos que estudava e, por isso, muitas pessoas, inclusive contemporâneas dele, chegaram a acreditar que fosse ateu, o que não era verdade. Ritter também acreditava que a natureza era um "todo" articulado por relações causais que se explicavam logicamente, mas fazia referências bem mais frequentes ao Criador, além de propor que a demonstração das conexões desse "todo" com o homem e com Deus era o principal objetivo da ciência geográfica. Daí que a visão teleológica de Ritter o conduziu a um tipo muito singular de determinismo ambiental[m], em que a forma dos continentes teria sido planejada por Deus para conduzir o desenvolvimento da humanidade, tipo de raciocínio que estava ausente no pensamento de Humboldt.

À primeira vista, essa combinação de matrizes de pensamento muito díspares podem parecer uma anomalia dos estudos desses autores, já que estamos habituados a pensar na ciência e na razão como antagônicas às ideias religiosas e incompatíveis com as formas de representação estética do mundo, tais como as artes. Mas essa visão atual não correspondia ao modo de pensar predominante na Europa do final do século XVIII e nos séculos precedentes. Francis Bacon foi um aplicado estudioso de magia, antes de trocar essa perspectiva por uma nova atitude em relação ao conhecimento, que o levou a desenvolver a metodologia científica. Johannes Kepler estudava astrologia e fez uso de ideias pitagóricas e teológicas para chegar ao seu modelo heliocêntrico do sistema solar. O próprio Newton dedicou tanto ou mais tempo de sua vida a escrever trabalhos sobre alquimia e teologia quanto dedicou à física, algo que quase sempre se esquece devido às suas grandes conquistas nesse último campo. Além disso é bom frisar que os autores românticos, embora críticos do materialismo racionalista, não viam contradição alguma entre suas ideias e o conhecimento científico, pois desejavam justamente construir uma nova ciência a partir da filosofia da natureza e de outras correntes críticas do racionalismo.

Assim, da forma como Humboldt e Ritter procuraram combinar as heranças do racionalismo e do romantismo num mesmo modelo de ciência, conformou-se uma visão de geografia que tem por objeto a unidade da natureza. Isso significa que a geografia estuda as leis que integram os fenômenos naturais e humanos num todo coerente, de sorte que os temas privilegiados dessa ciência deveriam ser: a distribuição de elementos naturais e humanos na superfície da Terra, as formas de integração entre esses elementos heterogêneos (as quais variam de uma área para outra) e a influência da natureza e do espaço sobre os grupos humanos.

É bom ressaltar que, dentro dessa ótica totalizante, a geografia geral e a geografia regional não aparecem como abordagens opostas, mas complementares. Na visão dos fundadores da geografia, embora cada região possua um conjunto de características únicas, uma "personalidade" própria, como dizia Ritter, a unidade do "todo" se manifesta também em cada uma de suas partes, e assim as leis que regem a unidade da natureza estão presentes também em cada região individual. Assim, a abordagem sistemática (estudo de leis gerais) não se opõe à pesquisa idiográfica das regiões, pois a elaboração de descrições pormenorizadas de regiões singulares pode servir de base para a descoberta das leis que explicam o "todo", sobretudo nos estudos de comparação entre regiões. Nesse sentido, a geografia geral tem suas origens no racionalismo e no modelo da ciência iluminista, enquanto a geografia regional deriva de um conjunto de ideias bem mais heterogêneo, formado pela filosofia da natureza, pelo romantismo e por outras correntes críticas do racionalismo, as quais propunham uma visão holística da realidade e valorizavam a compreensão daquilo que é único em oposição aos modelos gerais abstratos.

Mas é certo que, do início do século XIX em diante, assistiu-se a uma progressiva perda de prestígio do idealismo germânico e do romantismo nos meios científicos, o que se refletiu inclusive em críticas aos trabalhos de Humboldt e Ritter, acusados às vezes de serem pouco científicos. Em função disso, a influência racionalista parece ter se acentuado ao longo do tempo na obra de Humboldt, sendo maior em seu livro *Cosmos*, cujo primeiro volume foi publicado já em 1845, do que em seus primeiros escritos. No entanto, para os geógrafos da segunda metade do século XIX, a dificuldade de implementar a proposta de ciência geográfica dos fundadores era visível e se manifestava inclusive na recusa, por parte de alguns desses geógrafos, a aceitar a integração dos estudos da natureza e da sociedade dentro de uma única disciplina científica.

1.3 A herança dos fundadores

Pelo que vimos até aqui, não há como negar a importância de Humboldt e Ritter para o advento da geografia científica. Apesar disso, é preciso analisar bem os motivos que levaram os geógrafos a designá-los como os fundadores da geografia, já que a influência deles sobre as primeiras gerações de geógrafos foi bem mais indireta e descontínua do que se supõe à primeira vista. De fato, a maioria dos pesquisadores aponta a existência de uma ruptura entre os anos 1850 e 1870, pois os geógrafos do final desse século pensaram a disciplina com base em parâmetros menos influenciados pelo idealismo e pelo romantismo, embora citassem Humboldt e Ritter como referências para os seus trabalhos (Quaini, 1983, p. 32).

É certo, com efeito, que ambos contribuíram para a institucionalização da disciplina. Basta ver que Humboldt participou da organização de sociedades geográficas, inclusive da primeira delas, a Sociedade de Geografia de Paris, que serviu de modelo para todas as demais. No entanto, essas sociedades ainda serviam muito mais para a divulgação dos resultados de expedições de exploração do que para promover a elaboração de trabalhos científicos. Ele foi também o organizador do primeiro congresso científico da história, além de cumprir um importante papel de divulgador da ciência. Humboldt redigia seus trabalhos em linguagem acessível justamente para favorecer a divulgação das ideias científicas, e proferiu dezenas de palestras abertas a todo tipo de público com esse objetivo (sessenta só na Universidade de Berlim) (Romariz, 1996). Mas esses escritos e eventos não estavam voltados especificamente para a geografia, pois a interdisciplinaridade de suas pesquisas se refletia nas atividades de divulgação de que participava. Finalmente, suas atividades como professor universitário começaram tardiamente e as aulas que ministrou não eram especificamente sobre Geografia. Por tais motivos, Humboldt não deixou discípulos diretos entre os primeiros geógrafos, exceção feita a alguns autores russos. Por sua vez, Ritter foi o primeiro professor de Geografia regular e fixo em uma universidade, sendo que a cátedra de Geografia foi instituída na Universidade de Berlim justamente para que ele a ocupasse. Geógrafos importantes do século XIX foram alunos de Ritter, inclusive Elisée Reclus (1830-1905), que aplicou as ideias do mestre. Mas Reclus passou grande parte da vida exilado em virtude de suas ideias políticas, de modo que não teve grande influência sobre a geografia francesa do período. E é significativo que a cátedra de Geografia tenha permanecido vaga após a morte de Ritter, pois, como afirma Claval (1974), isso sugere que ele não teve grandes seguidores diretos.

Essa descontinuidade da influência dos fundadores sobre os geógrafos pode ser creditada a indefinições e problemas epistemológicos incrustados em seus trabalhos. Humboldt estudava o homem e suas criações principalmente como elementos da paisagem, o que significa dizer que seu projeto de uma ciência capaz de integrar o estudo do homem e da natureza num todo coerente não era plenamente atingido, já que a dimensão humana era reduzida a apenas um de seus aspectos (Moraes, 2002). A mais relevante de todas as suas obras, *Cosmos*, tratava de uma grande variedade de temas, destacava muito a astronomia e o estudo físico do planeta e tratava de temas próprios à geografia humana em poucas e breves passagens. Em função disso, Claval (1974, p. 33) avalia que era preciso já ser geógrafo para compreender todo o interesse que tal obra poderia possuir para o desenvolvimento da geografia, razão pela qual a influência de Humboldt, embora importante, só se estabeleceu aos poucos, conforme se constituía de fato uma comunidade de geógrafos, um "ambiente geográfico".

No caso de Ritter, parece claro que a utilização de sua obra pelos geógrafos foi prejudicada por imprecisões metodológicas e contradições na forma como ele procurou combinar suas preocupações científicas com as ideias românticas e religiosas que marcaram seu modo de pensar. Tatham nos conta que quando Ritter foi instado por um de seus críticos a explicar o significado da expressão *método comparativo*, sugeriu que ela não tinha, na verdade, um sentido claro, sendo tão somente a expressão que ele usava para diferenciar a geografia do século XIX dos trabalhos puramente descritivos que se produziam no século anterior (Tatham, 1960, p. 572). E o próprio Tatham, embora negue haver contradições na geografia de Ritter, sustenta que é preciso ler toda a obra dele para entender sua coerência, pois faltam a ela clareza e precisão terminológica. Tanto que os princípios básicos de interpretação geográfica, apresentados explicitamente nos primeiros trabalhos de Ritter, tornam-se "nebulosos" à medida que suas ideias vão sendo expostas (Tatham, 1960, p. 573). Finalmente, vale mencionar que outros autores não hesitam em acusar a existência de contradições na obra de Ritter, que em alguns momentos se apresenta como uma interpretação da natureza calcada em analogias de base irracionalista (como na associação da forma dos continentes a figuras geométricas, inspirada no misticismo pitagórico) e noutros momentos na defesa da generalização e do método científico (Claval, 1974; Gomes, 2003, p. 171).

Mas, se a influência de Humboldt e Ritter sobre os primeiros geógrafos não foi tão intensa quanto se costuma pensar, por que se chegou ao consenso de que eles foram os fundadores da disciplina? A resposta é que, à medida que ia se constituindo um "ambiente geográfico" – principalmente após 1870, com a institucionalização da Geografia no ensino superior de vários países –, os geógrafos acabaram encontrando nas obras desses naturalistas elementos que serviram de base para justificar a necessidade de uma ciência integradora e também para estabelecer seus fundamentos epistemológicos. A visão de Humboldt e Ritter sobre a unidade da natureza e os métodos que procuraram desenvolver para o estudo das relações entre elementos heterogêneos, em escala mundial e também regional, acabaram sendo os atrativos que levaram os geógrafos a elegê-los como os fundadores da disciplina. Nesse sentido, a própria dualidade racionalismo/romantismo acabou funcionando como elemento favorável para que suas obras fossem lidas e utilizadas pelos geógrafos, já que servia de base para a construção da geografia como uma ciência que deveria ser, a um só tempo, física e humana, geral e regional.

A esse respeito é preciso destacar que, como alerta Gomes (2003), a dualidade entre racionalismo e antirracionalismo não se encontra presente apenas nas obras desses dois autores e dos geógrafos que os sucederam, pois é, na verdade, uma característica do próprio desenvolvimento da ciência moderna. De fato, a metodologia científica segue uma racionalidade normativa, no sentido de que sustenta ser possível fazer proposições com um grau considerável de objetividade e certeza com base na aplicação de procedimentos rigorosos. No entanto, é justamente essa racionalidade que vem sendo criticada desde o século XVIII por pensadores que contestam a validade das leis gerais ou a possibilidade de aplicação de um único método em todas as ciências, entre várias outras refutações. Na Europa dessa época, tais críticas provinham, sobretudo, do idealismo germânico e do romantismo, além de outras correntes antagônicas à metodologia científica, as quais perderam a força ao longo do século XIX. Porém, das últimas décadas do século passado até os dias de hoje, essas críticas foram renovadas pela abordagem humanista (que se baseia principalmente na fenomenologia[m]), pelo pós-modernismo e pela "ciência da complexidade". Por sinal, essas vertentes têm exercido influência considerável na geografia contemporânea, renovando, em certo sentido, o projeto de ciência dos fundadores, conforme o leitor verá no capítulo 4.

Dentro desse debate permanente entre o modelo normativo de ciência e as correntes que criticam a racionalidade que lhe é inerente, ganha destaque a tensão entre dois tipos de propostas epistemológicas: aquelas de tipo sistemático, para as quais a elaboração de leis gerais é o objetivo mais alto da ciência, e as propostas que negam, relativizam ou restringem a validade dessas leis. Na geografia, essa tensão assumiu a forma da dualidade entre a geografia geral ou sistemática e a geografia regional (Gomes, 2003). A concepção predominante entre os geógrafos era de que esses dois enfoques, embora difíceis de conciliar, constituíam partes inseparáveis da geografia e que era justamente a união deles que dava especificidade à disciplina. Em alguns períodos, porém, e de uma forma que variava conforme as tendências da geografia em cada país, fortalecia-se a visão de que a geografia sistemática seria o ramo verdadeiramente científico da disciplina, na medida em que somente ela permitiria formular leis gerais explicativas das relações entre fenômenos físicos e humanos em suas variações espaciais. Como resultado, a geografia regional seria um tipo de saber não científico ou, na melhor das hipóteses, poderia constituir apenas o campo de aplicação daquelas leis gerais ao estudo de regiões específicas, dada a impossibilidade de produzir generalizações a partir de singularidades regionais.

Os geógrafos do século XIX, como mostra Tatham, já refletiam sobre essas questões, sendo que os debates travados sobre as relações entre geografia geral e geografia regional revelavam que essa dualidade estava intrinsecamente ligada a outra, entre a geografia física e a geografia humana. Um crítico do método comparativo rejeitou a ideia ritteriana de que o estudo de elementos naturais é pertinente para a geografia na medida em que serve para explicar o homem, com o argumento de que o estudo dos fenômenos da natureza possui um interesse em si mesmo para a disciplina. Mais tarde, essa concepção levou o autor a propor que os geógrafos deveriam se restringir ao ramo físico da disciplina e estudar a natureza com vistas à elaboração de leis gerais. Enquanto isso, um defensor da proposta de Ritter, ao tentar resolver as controvérsias sobre o método comparativo, concluiu que é somente pelo estudo integrado dos elementos físicos, biológicos e humanos de uma dada região (aí incluídas a história e a cultura) que se poderia efetivamente aplicar esse método conforme a proposta ritteriana. Todavia, os avanços obtidos no estudo sistemático dos fenômenos naturais, na segunda metade do século, serviram para atrair mais pesquisadores para a geografia física. Os trabalhos publicados pelo geógrafo Oscar Peschel, de 1867 a 1870, mudaram os rumos da geomorfologia, pois ele procurou desenvolver uma classificação dos tipos de relevo de caráter explicativo, já que as formas eram relacionadas aos processos que lhes deram origem.

Trajetória semelhante ocorreu em outras ciências da natureza, como a climatologia, em que houve avanços com a formulação do sistema de Köppen de classificação dos tipos climáticos. O mesmo não ocorria com a geografia humana, devido à dificuldade de fazer generalizações com base no estudo de populações peculiares. Essa dicotomia entre as ciências da natureza e da sociedade motivou o surgimento de uma proposta, já em 1887, de restringir a síntese geográfica apenas aos aspectos físicos e biológicos, excluindo-se, assim, o homem (Tatham, 1960, p. 572-574).

Podemos então concluir que, embora os trabalhos de Humboldt e Ritter tenham influenciado os geógrafos pelo fato de sinalizarem caminhos para constituir uma ciência de síntese, ao mesmo tempo física e humana, geral e regional, a combinação de ideias racionalistas e românticas efetuada por esses fundadores não era capaz de resolver os problemas epistemológicos envolvidos nesse modelo de ciência. As descobertas feitas pelas ciências da natureza ao longo do século XIX, com base no paradigma da ciência normativa, levaram a um descrédito do romantismo e de outras vertentes antirracionalistas, explicitando as dicotomias da geografia nascente. Não é por acaso que, para chegar ao seu sistema explicativo de classificação das formas do relevo, Peschel fez uso de um método que "consistia em observar, tirar induções dessas observações e corrigir os resultados mediante novas observações. [...] A causalidade que Peschel buscava era puramente mecânica. Nada tinha a ver com a finalidade" (Tathan, 1960, p. 573). A visão romântica de natureza tendia a ser substituída pela ótica mecanicista e pela especialização das ciências naturais em categorias de fenômenos bastante específicos, ao passo que as ciências humanas tinham grande dificuldade para estabelecer leis gerais, o que punha em questão a unidade da geografia.

Assim, se era possível falar numa dualidade entre geografia física e geografia humana em meados do século XIX, no final desse período havia uma tendência à divisão da disciplina entre uma geografia física geral e especializada, amplamente predominante, e uma geografia humana regional e sintética. De um lado, uma maioria de pesquisadores que tendiam a ser geomorfólogos ou climatólogos antes de serem geógrafos; de outro, um número menor de geógrafos que se dedicava a entender as influências do espaço e da natureza sobre os grupos humanos, mas que não formulavam propriamente leis gerais a partir dos estudos de síntese regional que descreviam tais influências (Tatham, 1960, p. 573). Para sair desse impasse, era necessário integrar as abordagens geral, regional, física e humana dentro da ótica racionalista que se ia impondo nos meios científicos ao longo do século XIX e começo do século XX. Essa foi justamente uma das grandes contribuições de Friedrich Ratzel à história da geografia, como veremos no próximo capítulo.

Síntese

Do esforço de naturalistas como Humboldt e Ritter para combinar ideias do racionalismo iluminista e do romantismo num mesmo modelo de ciência, nasceu a visão de que a geografia é uma ciência de síntese, cujo objeto de estudo é a unidade da natureza. Essa disciplina deveria estudar as leis que integram os fenômenos naturais e humanos num todo coerente de modo que seus temas fundamentais seriam: a distribuição de elementos naturais e sociais na superfície da Terra, as formas de integração entre esses elementos heterogêneos (as quais variam de uma área para outra) e a influência da natureza e do espaço sobre os agrupamentos humanos. A geografia geral e a geografia regional seriam, portanto, abordagens complementares, já que, embora cada região possua características únicas, as leis que regem a unidade da natureza estão presentes também em cada região individual. Assim, embora a influência desses autores sobre os primeiros geógrafos tenha se firmado de modo gradual e descontínuo, suas ideias científicas tornaram-se as principais referências usadas pela geografia para justificar a necessidade de uma ciência que se propõe a ser, simultaneamente, geral e regional, física e humana.

Indicações culturais

Filme

As MONTANHAS da lua. Direção: Bob Rafelson. Produção: Carolco Pictures, IndieProd Company Productions, Zephyr Films Ltd. EUA: LK – Tel vídeo, 1990. (136min): son. color.

> O filme conta a história da expedição que descobriu a nascente do rio Nilo e dos conflitos que envolveram o anúncio e reconhecimento dessa descoberta. É interessante para conhecermos melhor um período em que a geografia e outras ciências estavam ainda em formação, bem como a influência de fatores políticos e comerciais sobre as explorações geográficas.

Livro

GOETHE, J. W. **Os sofrimentos do jovem Werther**. Tradução de Galeão Coutinho. São Paulo: Abril Cultural, 1971. (Coleção Os Imortais da Literatura Universal, v. 8).

A obra é um clássico da literatura mundial que, em poucas páginas, consegue expor criticamente todas as facetas do romantismo. Particularmente interessantes para a geografia são as visões expostas no livro sobre a natureza, sobretudo considerando-se que Goethe foi uma influência importante para Humboldt.

Atividades de Autoavaliação

1. Sobre a origem da geografia científica, qual das afirmações a seguir é verdadeira?
    a) A ciência físico-matemática era a mais adequada para estudar fenômenos naturais que envolvem múltiplas relações, mas Humboldt e Ritter, considerados os fundadores da geografia, optaram pela visão religiosa da natureza.
    b) Ritter criou o método comparativo para ser utilizado como recurso didático-pedagógico mais importante no ensino de geografia.
    c) Humboldt é considerado o fundador da geografia geral, ao passo que se considera Ritter o fundador da geografia regional.
    d) Humboldt realizou suas expedições com o objetivo de fundar uma nova ciência que ele denominou *geografia*, tornando-se, assim, o primeiro geógrafo.

2. A geografia se constituiu na confluência de correntes de pensamento que tinham visões distintas sobre o que é conhecimento científico. Sobre essas visões e o papel da geografia, assinale a alternativa verdadeira:
    a) A filosofia da natureza foi criada para explicar metafisicamente a

objetividade da ciência newtoniana.

b) Para Kant, o valor da geografia humana está em formular teorias gerais explicativas dos padrões de distribuição espacial dos fenômenos.

c) Por ser metafísica, a ciência romântica procura formular leis gerais invariáveis e objetivas sobre conjuntos homogêneos de fenômenos, as quais revelam a "essência" destes.

d) As teorias formuladas na geomorfologia e em outros campos no final do século XIX favoreceram a especialização do conhecimento.

3. Qual das afirmações abaixo explica corretamente as ideias científicas que influenciaram os fundadores da geografia e suas contribuições para a formulação de métodos de estudo científico de temas geográficos?

a) Os pensadores românticos propunham substituir a ciência natural pelo conhecimento intuitivo e interpretativo da relação homem-meio.

b) Para Humboldt, a formulação de leis gerais consistia em usar procedimentos analíticos para descobrir relações invariáveis de causa e efeito entre dois fatores naturais.

c) Ritter defendeu a ideia de que os fenômenos da natureza que interessam para a geografia são aqueles que servem para entender o homem.

d) A clareza da aplicação do método comparativo nas pesquisas geográficas fez de Ritter a base dos estudos produzidos até o final do século XIX.

4. Sobre os fatores que levaram Humboldt e Ritter a figurarem como os fundadores da geografia científica, é correto afirmar que:

I. a dualidade entre racionalismo e romantismo foi uma especificidade da geografia do século XIX, pois as outras ciências em formação se inspiraram na física de Newton.

II. a combinação de ideias românticas com os postulados da metodologia científica favoreceu muito a influência dos trabalhos de Humboldt e Ritter sobre a geografia.

III. os naturalistas considerados fundadores da geografia alcançaram esse *status* graças ao papel que desempenharam na institucionalização da geografia universitária.

a) Somente a afirmação I é verdadeira.
b) Somente a afirmação II é verdadeira.
c) Somente as afirmações I e II são verdadeiras.
d) Somente as afirmações II e III são verdadeiras.

5. Quais das afirmações a seguir indicam corretamente os pressupostos básicos e os temas mais importantes do projeto de ciência de síntese?

I. A ideia de que há uma unidade global dos fenômenos naturais e humanos acessível ao conhecimento científico é a base do projeto intelectual de Humboldt e Ritter.

II. Nas obras dos fundadores da geografia científica, a explicação da variedade dos grupos humanos na superfície terrestre é o fio condutor da síntese geográfica.

III. As abordagens da geografia geral e da geografia regional são complementares porque as leis que regem a unidade do todo se manifestam também nas regiões.

a) Somente as afirmações II e III são verdadeiras.
b) Somente as afirmações I e III são verdadeiras.
c) Somente a afirmação III é verdadeira.
d) Somente a afirmação II é verdadeira.

Atividades de Aprendizagem

Questões para Reflexão

1. Qual é a diferença entre geografia e pensamento geográfico?
2. Explique o modelo normativo de ciência. Como esse modelo influenciou os trabalhos de Humboldt e Ritter?
3. Por que Humboldt e Ritter são considerados os fundadores da geografia científica?

Atividade Aplicada: Prática

1. Assista ao filme As montanhas da lua, do qual falamos e produza um texto sobre os seguintes temas:
   a) Os interesses pessoais, políticos e comerciais que motivaram a expedição e que explicam os conflitos relacionados ao reconhecimento público da descoberta realizada.
   b) As diferenças entre os exploradores Richard Burton e John Speke entre si e em relação às concepções dos fundadores da geografia sobre os objetivos das expedições geográficas.

Capítulo 2

A corrente definida como *tradicional* tinha como pressuposto básico a ideia de que a geografia é uma ciência de síntese ou "ciência de contato" entre as disciplinas que estudam a natureza e as da sociedade. Para realizar esse propósito integrador, os autores dessa corrente recorreram a um arsenal eclético de ideias provenientes do positivismo[m], das "filosofias evolucionistas", do romantismo e do neokantismo[m], dando origem a três formas principais de integração dos ramos geral, regional, físico e humano, que são: o determinismo ambiental, a escola possibilista e a concepção de geografia como ciência da diferenciação de áreas.

A geografia tradicional: três caminhos para a síntese geográfica

Nas duas primeiras propostas, o tema em destaque corresponde às relações homem-natureza, enquanto a terceira define as formas de integração entre elementos heterogêneos na crosta terrestre e sua variação espacial como objeto da geografia. Esta última subcorrente se destaca também por buscar conferir rigor conceitual e metodológico à geografia, de acordo com a ótica racionalista que foi se impondo nos meios científicos da primeira metade do século XX. Comecemos então por analisar algumas das ideias científicas e filosóficas que mais influenciaram a geografia desse período.

2.1 A ascensão do positivismo e do evolucionismo

Conforme vimos, filósofos idealistas como Fichte, Schelling e Hegel procuraram construir sistemas explicativos de grande abrangência, os quais, embora radicalmente distintos da ciência iluminista em muitos aspectos, visavam ser a base de uma nova ciência. Porém, o resultado dessa empreitada foi o oposto do pretendido, pois o período que vai do início até meados do século XIX viu nascer e triunfar uma nova corrente de pensamento denominada de *positivismo*, que se constituiu como uma afirmação radical do modelo normativo de ciência. Realmente, num sentido filosófico bastante amplo, o termo *positivismo* designa a própria metodologia que se desenvolveu com base nas ideias de pensadores como Bacon e Newton, sendo, assim, um sinônimo de ciência normativa. Em seu significado mais restrito, esse termo designa uma escola de pensamento filosófico e científico fundada por Augusto Comte (1798-1857), o qual contestou os pressupostos metafísicos das vertentes idealistas e românticas do seu tempo para aproximar a filosofia da ciência.

Embora a formulação do positivismo feita por Comte tenha sido revisada e alterada por outros intelectuais influentes, tais como Émile Durkheim (1858-1917) e John Stuart Mill (1806-1873), derivando daí uma grande variedade de correntes positivistas, podemos indicar três princípios do positivismo que influenciaram intensamente a produção do conhecimento científico. O primeiro deles é a tese de que **todo conhecimento provém unicamente da experiência imediata, sensível**, sendo, portanto, vedado ao cientista tirar qualquer conclusão que não provenha da observação dos fenômenos. O segundo é o da **unidade do método científico**, ou seja, o postulado de que todas as ciências devem ter por base o mesmo método, fundado na observação e na generalização de relações causais constatadas indutivamente. O último princípio é o da **neutralidade**, o qual se baseia numa distinção rígida entre os fatos observados e os valores, o que implica dizer que o cientista, mesmo quando ocupado do estudo da sociedade, deve proceder à aplicação do método positivista sem qualquer interferência de valores culturais, políticos e sociais. A combinação desses princípios foi importante para o surgimento de ciências especializadas, pois deu base a um projeto de construção do conhecimento a ser realizado por uma rígida divisão do trabalho científico: o método empregado para a formulação de leis gerais seria único para todas as ciências, mas cada uma delas deveria aplicá-lo no estudo de um objeto exclusivo, ou seja, uma classe particular de fenômenos.

Todavia, essa apresentação geral dos princípios positivistas não revela o teor radical da formulação que lhes deu Comte, sobretudo no que diz respeito às suas críticas contra a metafísica, pautadas por um empirismo totalmente centrado na indução. De fato, na linguagem de Comte e de alguns de seus seguidores, qualquer construção intelectual que não fosse puramente baseada na indução podia receber adjetivos como *metafísica* ou *gratuita*. Esse autor pôs em dúvida a cientificidade da economia e dos estudos que visavam descobrir a estrutura da matéria – lembremos que, até o final do século XIX, não havia certeza sobre a validade da teoria atomista. Ele chegou a manifestar desconfiança até mesmo em relação ao cálculo de probabilidades, já que esse ramo da matemática não formula leis gerais num sentido determinista, isto é, baseadas em relações necessárias de causa e efeito entre os fenômenos, pois apenas estabelece a probabilidade de ocorrência de determinados fenômenos ou os resultados possíveis das interações entre eles. Essa crítica era também um resultado de sua visão empirista, já que ele não via a causalidade como algo inerente às coisas, como uma essência metafísica. Causa e efeito eram apenas relações observáveis entre os fenômenos e tudo o que podemos conhecer são essas relações. A observação revela que há relações que são invariáveis e, por isso, Comte sustentava que as leis científicas consistem unicamente na generalização de regularidades constatadas indutivamente. E, apesar dessas concepções, não se pode dizer que o pensador fosse um filósofo idealista, para o qual não existe identidade absoluta entre os conceitos e os objetos do conhecimento. Pelo contrário, o fundador do positivismo era um realista, isto é, um pensador que trabalha com o pressuposto de que, na observação, os conceitos se ajustam de fato aos objetos (Comte, 1990, p. 20-26).

Portanto, uma característica do positivismo comteano que influenciou muitos cientistas do século XIX e primeiras décadas do século XX foi a **supervalorização do raciocínio indutivo** e, consequentemente, certo menosprezo pelos procedimentos dedutivos e pela formulação de hipóteses a serem testadas. A ênfase empirista do positivismo levou também a uma grande valorização dos elementos visíveis da natureza e dos "fatos sociais" na construção dos objetos de estudo de cada ciência. Outra característica digna de nota foi o naturalismo, tendência do pensamento social estreitamente correlacionada ao princípio da unidade do método. Se as ciências da natureza haviam conseguido sucesso ao usar a indução e a experimentação para formular leis gerais capazes de explicar os fenômenos e até de prever sua ocorrência, então os mesmos procedimentos deveriam servir também para o estudo do homem.

Não por acaso, Comte foi o fundador da sociologia, ciência que ele denominou de *física social* justamente para mostrar que o seu objetivo seria explicar os fenômenos sociais com os mesmos métodos utilizados pelas ciências da natureza. De posse do conhecimento objetivo das leis que regem a organização da sociedade, seria possível intervir na organização social cientificamente, além de fundar uma nova moral, também de base científica. O naturalismo caminhava, assim, de mãos dadas com o cientificismo, isto é, com uma confiança absoluta na ideia de que somente a ciência é capaz de produzir conhecimentos verdadeiros e úteis sobre a realidade, seja ela natural ou social.

Nesse contexto, o sucesso alcançado pelo positivismo nas ciências humanas e sociais pode ser creditado à forma como Comte e outros teóricos procuraram desenvolver suas propostas metodológicas em sintonia com os progressos da ciência de seu tempo, já que a visão cientificista, mais do que um elemento do positivismo, era uma marca do ambiente cultural da época. O século XIX assistiu a grandes progressos tecnológicos, como a redescoberta do processo de produção de cimento, a invenção do aço, do motor à combustão interna e do microscópio, o que despertou grande confiança na ciência como instrumento para dominar a natureza e melhorar a vida das pessoas. Os avanços ocorridos na biologia desde o início desse século, com as teorias evolucionistas, foram fundamentais para que o naturalismo e o cientificismo tomassem conta das ciências do homem e também da geografia.

O naturalista Charles Darwin (1809-1882), em seu livro *A origem das espécies*, publicado em 1859, teve papel central nesse processo. Até a publicação desse livro, entendia-se *evolução* como o desenvolvimento de um organismo ao longo do seu ciclo de vida (nascimento, crescimento e morte), sendo os estágios desse processo determinados por propriedades intrínsecas do próprio organismo; depois, essa palavra passou a ser utilizada pelos biólogos em referência a processos de transformação das espécies de animais e plantas correlacionados às inter-relações entre as espécies e destas com o ambiente. No âmbito dos estudos sobre a sociedade, porém, as duas acepções da palavra continuaram a funcionar como linguagem para a formulação de teorias explicativas das formas de organização da sociedade e do processo histórico. A vasta influência cultural alcançada pela teoria darwinista favoreceu a assimilação desses conceitos, mas nem tanto pela novidade das informações que trazia, as quais já eram, na maior parte, conhecidas à época, ou dos temas científicos dos quais tratava. A razão principal estava na concepção racionalista e materialista de Darwin, que sinalizava caminhos para explicar o homem com o mesmo método científico que lograra sucesso no estudo da natureza.

> Darwin se atrevia a demonstrar que uma filosofia evolucionista permitiria prescindir de todo princípio sobrenatural para explicar o conjunto dos fatos observados, sem excluir deles o fenômeno do pensamento humano. [...] O homem deixava de ser o centro do mundo, e se convertia em produto do acaso ou de uma necessidade evolutiva; não era de modo algum o centro da Criação. O pensamento humano deixava de ser uma coisa à parte das outras coisas do mundo; era um simples epifenômeno, fazia plenamente parte do mundo e tinha que poder explicar-se exatamente como este. (Claval, 1974, p. 48)

Darwin procurou desenvolver essa tese com estudos que explicassem a psicologia humana como produto da evolução, tanto assim que descreveu o comportamento de diversos animais para demonstrar que as emoções são atributos das espécies que ele reputava mais evoluídas, como o homem e o chimpanzé. Outros autores, porém, levaram a filosofia evolucionista para o âmbito dos estudos sobre a sociedade. A história humana, mesmo em seus aspectos culturais, poderia ser estudada como um organismo em desenvolvimento ou como um processo evolutivo que se dá por etapas e que é orientado sempre para o progresso. Herbert Spencer (1820-1903), por exemplo, foi um teórico positivista que fundou o chamado *evolucionismo social*, ao conceber a sociedade como um organismo que evolui das formas mais simples de organização para as mais complexas. Nas ciências sociais do período, vemos o uso frequente de uma linguagem que estabelece analogias entre os organismos vivos e a sociedade, na medida em que esta é descrita como um sistema constituído de elementos funcionais e hierarquicamente organizados. As instituições são comparadas com órgãos do corpo humano, enquanto os problemas da sociedade, como o crime, são por vezes denominados de *doenças*. O Estado era analisado geralmente como um "cérebro" que comanda todas as partes do organismo social, embora variasse muito de um autor para outro a avaliação dos regimes políticos e a definição das funções econômicas e sociais que o Estado deveria exercer.

Apesar disso, é bom ressalvar que o uso de metáforas biológicas não era exclusividade do positivismo, mas também dos discursos influenciados pelo romantismo, por mais paradoxal que isso possa parecer. Como vimos, a concepção romântica de natureza se contrapõe à newtoniana porque a entende como um organismo, isto é, um "todo" no qual as partes não podem ser estudadas isoladamente. Assim, uma vez que o romantismo integra o homem nesse "todo" orgânico, nada mais lógico do que descrever a sociedade recorrendo-se a uma linguagem organicista.

Assim, se as leis de Newton fizeram da física um modelo para as outras ciências, na segunda metade do século XIX a biologia tornou-se um parâmetro de cientificidade a ser seguido pelas ciências do homem.

Os métodos idiográficos da biologia favoreceram tal aproximação, já que essa ciência utiliza procedimentos descritivos, comparativos e classificatórios para identificar as características das espécies animais e vegetais, além de conferir grande importância ao tempo como fator explicativo da atual diversidade das espécies. Era mais fácil fazer uso de analogias e metáforas biológicas para elaborar leis explicativas da sociedade e dos processos históricos do que reproduzir os métodos da física, que se baseiam na elaboração de hipóteses testáveis e validadas por experimentos em ambientes controlados, algo impraticável nos estudos sociais. As teorias evolucionistas tiveram também uma importância capital para a geografia, pois a ideia de explicar a diversidade das espécies como produto de uma evolução determinada no processo de adaptação dos seres vivos ao ambiente podia ser transposta para o estudo das relações homem-natureza. Para entender como se deu essa transposição, devemos olhar atentamente para a trajetória do geógrafo Friedrich Ratzel (1844-1904).

2.2 Ratzel e as origens da geografia humana

Ratzel nasceu no Ducado de Baden, um dos estados germânicos que, a partir de 1871, viria a integrar o Império Alemão. Apesar de sua origem social um tanto modesta, conseguiu cursar universidades importantes como as de Jena, Berlim e Munique. Ele teve aulas de zoologia com Ernst H. P. A. Haeckel (1834-1919), que foi um dos divulgadores da teoria de Darwin na Alemanha e fundador da ecologia, nome que ele criou para designar uma ciência cujo objetivo seria explicar as relações dos seres vivos entre si e com o ambiente. Ratzel chegou a publicar, em 1869, um trabalho no qual fazia uma síntese da teoria darwiniana, embora tenha passado a tecer críticas contra ela em alguns de seus livros da maturidade. A verdade é que Darwin não foi a única referência de teorias evolucionistas no pensamento de Ratzel, pois ele também se baseou nos trabalhos de Alfred Russel Wallace (1823-1913) e de Jean-Baptiste Pierre Antoine de Monet, o Cavaleiro de Lamarck (1744-1829).

Além disso, é significativo que, embora os geógrafos costumem qualificar o pensamento ratzeliano como *evolucionista*, os antropólogos preferem destacar suas contribuições para a formulação da teoria "difusionista", segundo a qual os traços culturais são formados principalmente no processo de difusão dos grupos humanos sobre a superfície terrestre. Tais contribuições foram de grande importância para a estruturação da etnografia, pois, como escreveu o antropólogo Bronislaw K. Malinowski (1884-1942), citado por Massimo Quaini, Ratzel,

> foi capaz de ver e demonstrar que muitos paralelismos entre instrumentos, invenções, costumes e ideias devem ser explicados não com base no princípio de que, num determinado estágio da evolução, aparecem certas similaridades, mas com a demonstração do contato direto entre culturas e da extensão das invenções através das comunicações. (Quaini, 1983, p. 40)

Nesse sentido, a visão difusionista ratzeliana pode ser entendida como uma modalidade de evolucionismo que reforça o papel da adaptação ao meio e das relações entre indivíduos como fator explicativo contra a concepção simplista de sucessão automática de estágios evolutivos. A tese ecológica de Haeckel, que afirma a importância de estudar as relações dos seres vivos entre si e com o ambiente para explicar a evolução, inspirou Ratzel a pensar as influências naturais sobre a história como sendo mediatizadas pela cultura. Assim, embora pense a cultura como produto de um processo de adaptação do homem ao ambiente, Ratzel assegura que as migrações, por colocarem os grupos humanos em contato com novos meios e com outros povos, fazem com que não haja uma correspondência direta entre características ambientais e culturais. Alguns autores afirmam que Ratzel foi o primeiro a usar a expressão *geografia cultural*, que traduz bem os objetivos da sua antropogeografia (Carvalho, 1997).

É justamente essa ênfase na ideia de cultura que dá originalidade à concepção de Ratzel a respeito das influências naturais sobre a história humana. Desde a Grécia antiga, encontram-se textos que procuram explicar as diferenças entre os povos com base em raciocínios deterministas acerca das influências naturais sobre a fisiologia humana, sobre o "caráter" de cada povo ou ainda sobre as formas de organização política. A ideia popular de que certos grupos nacionais ou regionais seriam preguiçosos devido aos efeitos do clima quente sobre a disposição física das pessoas é um ótimo exemplo desse tipo de raciocínio, pois expressa uma relação direta de causa e efeito entre clima e comportamento. Em Ratzel, porém, a adaptação do homem ao ambiente é entendida sob a ótica da utilização de recursos naturais para a reprodução dos elementos materiais da cultura, o que muda completamente o sentido da análise sobre as formas dessa adaptação. De fato, não se produzem casas, roupas, monumentos ou utensílios domésticos sem se extrair recursos da natureza, de modo que o acesso a tais recursos é um elemento essencial da relação de qualquer grupo humano com seu território. Essa dependência em relação ao meio não diminui com a modernização, posto que, quanto maior o desenvolvimento econômico e tecnológico de um povo, maior é a quantidade e variedade de recursos necessários para reproduzir sua cultura. Nesse sentido, Ratzel entendia que o meio interfere no desenvolvimento de uma sociedade na medida em que pode oferecer melhor ou pior acesso aos recursos, atuando, assim, como estímulo ou obstáculo ao progresso. Desta forma, sua concepção evolucionista particular o afasta de um determinismo[m] simplificador, levando-o a entender as leis que governam a história como produtos de um processo dinâmico e permanente de adaptação ao ambiente e não como resultado direto da ação de alguns fatores naturais, como o clima ou o relevo, sobre os homens.

A correlação dos estudos de Ratzel sobre evolucionismo e ecologia com essa visão acerca do papel das condições naturais na história dos povos era fruto de sua formação acadêmica e profissional eclética, própria dos naturalistas. Ele foi estudante de geologia na universidade de Jena, tendo feito pesquisas sobre os fiordes e sobre o manto de neve em áreas montanhosas da Alemanha. Foi, porém, com o trabalho que desempenhou como correspondente de um jornal especializado em assuntos geográficos que Ratzel teve a oportunidade de viajar pela Europa, Estados Unidos e México, o que lhe forneceu informações para aproximar seus estudos de biologia e de geografia física da análise de temas sociais. Ele não foi um explorador de regiões inóspitas, como Humboldt, mas suas viagens lhe permitiram entrar em contato com sociedades ditas primitivas, que serviam bem para a aplicação de suas ideias sobre a adaptação dos grupos humanos ao meio. Ratzel ainda creditou aos trabalhos de descrição da paisagem que realizou nessas jornadas um papel central para desenvolver nele uma visão de naturalista, interessada em conhecer as relações de múltiplos elementos naturais e sociais. Após os quase dois anos em que realizou essas viagens, suas pesquisas se dirigiram majoritariamente para temas de geografia humana.

Foi em 1882, pouco depois dessa época, que Ratzel publicou o primeiro volume de seu livro mais importante, intitulado *Antropogeografia: princípios de aplicação da ciência geográfica à história*, no qual estudava a influência dos fatores naturais na difusão da humanidade pela superfície terrestre. A influência darwinista é marcante nesse livro, e podemos considerá-lo como o primeiro grande trabalho de Ratzel a aplicar as teses evolucionistas no estudo das influências das condições naturais sobre a história humana. O segundo volume foi publicado apenas em 1891, e atualizando o primeiro com uma análise da distribuição populacional existente na época. É interessante lembrar que exatamente no intervalo entre a publicação desses dois volumes debatia-se a proposta de excluir o homem do campo de pesquisa da geografia, como vimos no capítulo anterior. A visão de Ratzel acabou se impondo entre os geógrafos, de tal sorte que as epistemologias que visavam restringir a geografia ao estudo da natureza em pouco tempo já haviam praticamente deixado de existir.

Além de fundar as bases da antropogeografia (termo que há muito caiu em desuso, devido ao emprego mais frequente da expressão *geografia humana*), Ratzel delineou um projeto interdisciplinar de pesquisa sobre o processo de difusão espacial das populações humanas, no qual o papel da geografia era bem demarcado em relação ao de outras ciências, conforme o leitor pode ver a seguir:

> *A etnografia forneceria um quadro da humanidade em todas as suas porções; a etnologia explicitaria as formas de coesão interna de cada grupo, tentando apreender as transformações vivenciadas por cada povo; à antropologia caberia apontar o equipamento biológico, os traços somáticos de cada raça e etnia. A história buscaria recompor o movimento dos povos no planeta, dos múltiplos centros originais de irradiação da civilização humana para as sedes atuais. Finalmente, para a geografia "restaria" tematizar as relações que impulsionaram ou frearam este movimento, as trocas que se estabeleceram entre os homens e*

os meios naturais de suas sedes originárias e dos espaços pelos quais trafegaram. (Moraes, 1990, p. 8)

Num tempo em que as ciências especializadas estavam ainda em formação, essa proposta apresentava um apelo evidente para os geógrafos, que tinham dificuldade em definir o objeto de uma ciência que estuda fenômenos muito variados. Internamente à disciplina, o êxito de Ratzel em estabelecer definitivamente a geografia humana como parte da ciência geográfica pode ser atribuído à forma como ele articulou os vários ramos da disciplina segundo o modelo de ciência mais em voga no final do século XIX, ou seja, sistemático, empirista e materialista.

O subtítulo do livro *Antropogeografia* – princípios de aplicação da ciência geográfica à história – já indica o caminho para realizar essa articulação: investigar as relações entre sociedade e natureza tendo por fim descobrir as leis que regulam as influências naturais sobre a história dos povos. Ratzel conhecia bem os estudos de Ritter sobre o tema, mas acusava esse autor de haver tentado formular leis gerais recorrendo a raciocínios simplificadores e generalizações prematuras. Ele também enfatizava que a sua análise dos condicionantes naturais do processo histórico de distribuição populacional era superior a de Ritter por estar baseada no método científico moderno. Se em Ritter a interação homem-natureza obedecia a uma finalidade de ordem divina, Ratzel deixava de lado questionamentos finalistas ou teleológicos para se concentrar apenas na dimensão fenomênica das formas de adaptação dos grupos humanos ao meio. Por isso, ele dizia que a antropogeografia era uma "ciência empírica", ou seja, totalmente centrada na observação e na indução (Moraes, 1990). O espírito positivista de seu tempo manifestava-se, assim, na rejeição explícita de Ratzel aos procedimentos dedutivos e à formulação de hipóteses. Sua visão de natureza era, portanto, materialista, no sentido de que buscava uma causalidade puramente mecânica, sem referência a elementos metafísicos que atuariam como fatores explicativos.

Mas é interessante assinalar que, se a proposta metodológica de Ratzel estava de acordo com o racionalismo e naturalismo típicos da ciência do seu tempo, ainda assim é possível encontrar heranças românticas em seus escritos. Ao contrário de Humboldt, ele não fez uso de linguagem literária em seus trabalhos de pesquisa de maior fôlego, como o livro *Antropogeografia*, mas redigiu diversos textos de descrição da paisagem com certo teor estético e literário, os quais chegaram a ser reunidos em livro. Para ele, descrever a paisagem seria uma forma de comunhão com a natureza, quase como uma fuga do mundo civilizado. Ele chegava a descrever minuciosamente as flores que observava no caminho (Martins, 1994, p. 2). Como Ratzel se dedicou a esse tipo de descrição sobretudo em seus últimos quatro anos de vida, alguns de seus críticos chegaram a atribuir tal fato a sintomas de senilidade (Martins, 1994, p. 2), o que talvez seja uma boa evidência do cientificismo que havia tomado conta de muitos círculos intelectuais da época.

Em seus livros de maior repercussão, porém, a influência do romantismo transparecia apenas na proposta de objeto de estudo da geografia, herdada principalmente de Ritter. Para Ratzel, a geografia visa explicar a relação homem-natureza, ou seja, estudar a variedade dos quadros naturais do planeta com o fim de revelar as leis que regulam as influências da natureza sobre a evolução dos povos. Mas isso não quer dizer que toda investigação geográfica teria que estar centrada exclusivamente nesse tipo de relação. Ratzel propôs uma divisão da geografia em três grandes campos temáticos, que eram a geografia física, a biogeografia e a antropogeografia, correspondentes, respectivamente, aos fenômenos inorgânicos, biológicos e sociais da superfície terrestre. As pesquisas em cada um desses campos deveriam ser orientadas pela perspectiva da ciência de síntese, isto é, pelo estudo das relações entre os fenômenos observados. Nesse sentido, um estudo podia ser classificado como geográfico mesmo que investigasse, por exemplo, as interações entre fatores climáticos e geológicos na formação do relevo, sem qualquer referência direta ao homem; o caráter geográfico desse tipo de estudo estaria na sua abordagem integradora, pois a explicação das relações entre elementos naturais era necessária para o conhecimento completo do campo de interações homem-natureza. Para Ratzel, a geografia não era nem uma ciência da natureza nem uma ciência humana, mas sim uma ciência de contato entre os dois campos, uma ciência de síntese. Portanto, embora ele tivesse uma visão materialista da natureza e de suas relações com a sociedade, a sua concepção sobre o objeto da geografia tinha como pressuposto a existência de uma unidade fundamental de todos os fenômenos acessível ao conhecimento humano, afirmada pelo romantismo.

Evidência explícita disso está nos elogios feitos por Ratzel aos estudos de autores românticos sobre as relações entre homem e meio, especialmente aos de Ritter. Suas objeções a esses autores se referiam à falta de cientificidade dos métodos que utilizavam, não à concepção unitária com a qual se propuseram a investigar as influências da natureza sobre a história dos povos, que seria o objeto da geografia (Moraes, 1990, p. 19). Podemos então concluir que a dualidade racionalismo/romantismo presente na obra dos fundadores da geografia se manifestava também no pensamento de Ratzel, só que de maneira bem mais limitada, já que ele não permitiu que influências românticas interferissem na aplicação das suas proposições de método. De acordo com o geógrafo Antonio Carlos Robert de Moraes, "a antropogeografia visava realizar um projeto teórico romântico com um instrumental positivista" (Moraes, 1990, p. 17).

Ratzel desenvolveu essas concepções epistemológicas ao longo de uma obra extensa e variada, que abriu novos caminhos para a ciência social e suscitou grandes polêmicas. Vemos isso na repercussão dos trabalhos que publicou sobre o tema das relações entre espaço e poder, como o livro *Geografia política*. Essas publicações serviram de base para o surgimento da geografia política como ramo do conhecimento que pertence tanto à geografia quanto à ciência política, mas cujos princípios e teorias serviram também, sob o rótulo de *geopolítica*, para a elaboração de estratégias de guerra e de ideologias imperialistas. Vale a pena fazer o resumo de algumas teorias de Ratzel sobre esse tema para ilustrar a forma como ele aplicou e desenvolveu sua epistemologia.

Esse autor caracteriza o Estado como um organismo territorial, mas não com o objetivo de explicar a história dessa instituição por meio de uma metáfora com o desenvolvimento dos seres vivos, e sim como referência ao seu papel de articular o povo ao solo. Esquematicamente, essa articulação é teorizada do seguinte modo:

a) Todo povo tem de extrair recursos da natureza para sobreviver e reproduzir sua cultura, sendo que os recursos necessários para tanto variam na proporção direta do seu tamanho populacional e do seu aparato tecnológico;

b) O espaço mínimo capaz de conter os recursos demandados por um povo é assim denominado *espaço vital*;

c) O território, por sua vez, é a porção da superfície da Terra efetivamente dominada por um grupo social, podendo ser menor, igual ou maior que o espaço vital de que ele necessita;

d) Quando um povo se organiza para defender seu território, surge o Estado, que vai então zelar para que esse território seja, no mínimo, igual ao "espaço vital";

e) Sobretudo nas sociedades mais complexas, o Estado executa uma série de políticas para garantir a coesão social e o domínio sobre o território, sendo aquelas especificamente voltadas para essa última função, denominadas *políticas territoriais*. Portanto, o povo se apresenta nessa formulação principalmente em seus aspectos demográficos e culturais, enquanto o Estado, por promover a coesão social e a articulação do povo ao solo, constitui-se como uma entidade moral, isto é, que mobiliza os indivíduos para a realização de um objetivo comum (Costa, 1992, p. 34).

O leitor pode ver aí as linhas gerais de uma teoria do Estado construída numa análise das relações homem-natureza influenciada por ideias evolucionistas, mas que caracteriza o Estado como um **organismo**, seguindo a noção romântica de um "todo" constituído por elementos naturais e humanos indissociáveis. Isso não impediu, é claro, que Ratzel fizesse uso de várias metáforas biológicas em sua vasta obra, procedimento que era típico dos intelectuais de seu tempo. No entanto, as influências do meio não aparecem nessa explicação do Estado como causas diretas, mas sim como parte de um processo de adaptação ao ambiente mediado pelas formas de organização política, pela cultura e pela técnica. No organismo territorial, "o solo e seus condicionamentos físicos são apenas um dado geral, uma base concreta, um potencial enfim, cuja eficácia para o desenvolvimento estatal de uma nação ou povo dependerá, antes de tudo, da sua capacidade em transformar essa potencialidade em algo definitivo" (Costa, 1992, p. 33). Por fim, vale ressaltar que o próprio Ratzel chegou a reconhecer, numa edição posterior do livro *Geografia política*, que a comparação do Estado com um organismo não era produtiva (Raffestin, 1993, p. 12).

Em que pese a originalidade dessa abordagem em relação aos determinismos que veem os fatores naturais como causas, é óbvio que falar do Estado como uma instituição que existe principalmente para garantir o "espaço vital" pelo domínio de um território é questionável. Uma vez que o "espaço vital" se expande com o desenvolvimento demográfico, econômico e tecnológico, o Estado tenderia a se antecipar na conquista de novos espaços, o que Ratzel denominou de *apetite territorial*. Isso não quer dizer que o autor desconsiderasse o papel do comércio na obtenção dos recursos necessários para a reprodução da sociedade, já que, em sua visão, um território com localização favorável ao contato com outros povos podia ser um fator decisivo para o progresso. Ocorre, porém, que ele caracterizava esses contatos como sendo geralmente belicosos, sobretudo quando envolviam civilizações em estágios diferentes de desenvolvimento, podendo levar à assimilação, expulsão ou aniquilação da menos adiantada. Nesse sentido, suas teorias elevam o Estado à condição de sujeito privilegiado da história (pelas suas funções de coesão social e domínio do território) e estabelecem as guerras de conquista como algo inevitável no curso do desenvolvimento das sociedades.

Assim, os geógrafos marxistas – como Moraes, Quaini e Ruy Moreira – enfatizam que, embora o método e as teorias de Ratzel tenham sido simplificadas e até deturpadas pelos pensadores geopolíticos, é correto qualificá-las como ideologicamente funcionais ao Estado prussiano, cujas características eram a política externa expansionista (sob a qual se deu a unificação alemã), o autoritarismo político, o intervencionismo econômico e a estrutura burocrática desenvolvida (Moraes, 1990, p. 24-26). Essa interpretação não justifica que suas teorias sejam reduzidas a uma mera ideologia imperialista desprovida de interesse científico, conforme alguns marxistas chegaram a sugerir nos anos de eclosão da geografia crítica[m]. Mas é uma interpretação que amplia a análise do contexto histórico sob o qual Ratzel produziu seus trabalhos, já que leva em conta não apenas os debates científicos da época, mas também as relações entre ciência e política. Nos últimos anos, vários autores vêm se dedicando a rever as interpretações do legado ratzeliano à luz de análises mais contextualizadas em termos históricos e biográficos, reacendendo o debate sobre os possíveis conteúdos ideológicos dessa obra (Carvalho, 1997).

Em termos epistemológicos, é evidente que a proposta antropogeográfica contribuiu para a pesquisa de muitos temas além do difusionismo e das relações entre espaço e poder. Por isso, a maioria dos autores aponta Ratzel como um precursor ou até fundador da geografia humana moderna, já que estabeleceu um ramo de estudo geográfico especificamente voltado para a explicação sistemática (isto é, nomotética) das relações homem-natureza (Moares, 1990; Claval, 1974; De Martonne, 1953, p. 452). Em Ritter, as influências naturais sobre a história apareciam como tema integrador geral da geografia, sem se distinguir de outros campos temáticos, e seus escritos a respeito carregavam indefinições e contradições de método, conforme vimos. Outra contribuição importante de Ratzel foi ter atualizado a geografia em relação às crescentes exigências de rigor metodológico nos meios científicos, trabalho esse que, segundo Moraes, foi realizado pela filiação desse autor ao positivismo:

> O positivismo domina completamente a concepção ratzeliana do método a ser assumido pela antropogeografia. A adesão de Ratzel a esse método é explícita e ele afirma textualmente que nos autores positivistas, pela primeira vez no panorama do conhecimento humano, a questão das influências vai aparecer de uma forma "científica". São inúmeras as passagens em que Ratzel elogia Comte, de quem vai tomar a visão orgânica de sociedade, a concepção de método científico, além de vários conceitos [...]. Outros autores positivistas, especialmente historiadores como Taine e Spencer, são bastante citados em seus trabalhos. Enfim, pode-se tranquilamente identificar Ratzel como um seguidor da "filosofia positiva", sendo um de seus introdutores no seio do debate geográfico. (Moraes, 1990, p. 12)

A caracterização de Ratzel como um teórico positivista é recorrente nos estudos de geógrafos marxistas como Moraes. Mas mesmo os autores que não vinculam diretamente Ratzel ao positivismo destacam a importância da sua visão racionalista para a história da geografia (Tatham, 1960, p. 574; Claval, 1974). A análise de Gomes sobre a valorização do racionalismo ratzeliano é interessante, pois ele destaca que esse autor constitui um "momento mítico" na história da disciplina, já que "todas as vezes que o tema da objetividade, do modelo racionalista ou da ciência positiva é abordado, o nome de Ratzel é invocado como sendo o fundador desta concepção" (Gomes, 2003, p. 187-188). Assim, mesmo os geógrafos quantitativistas e marxistas, que criticaram as teorias e métodos de Ratzel, elogiaram-no pelo fato de ter usado a abordagem determinista com o objetivo de elaborar teorias científicas; o que os geógrafos dessas correntes criticaram nesse autor é apenas o tipo de determinismo com o qual ele trabalhava, não a perspectiva determinista em si mesma, que está na base do modelo normativo de ciência.

No contexto histórico em que Ratzel viveu, a contribuição de sua perspectiva racionalista estava principalmente na possibilidade de construir uma geografia unitária. Se as ciências que estudam a sociedade têm problemas para estabelecer leis gerais, dificultando a integração entre geografia física e humana, a aplicação das ideias evolucionistas ao estudo das influências do ambiente sobre a sociedade poderia ser a solução perfeita para o problema das dualidades, pois permite trabalhar as relações homem-natureza de forma sistemática. A acolhida dessa ideia deu origem à **escola determinista de geografia**, fundada no chamado *determinismo ambiental*, que foi bastante influente nos países anglo-saxões durante as últimas décadas do século XIX e primeiras décadas do século XX.

Não que Ratzel tenha sido o primeiro geógrafo a propor o estudo das influências naturais sobre a sociedade, o qual é muito comum na história do pensamento geográfico, ou que tenha atribuído maior importância explicativa a tais influências do que outros geógrafos o fizeram. Ritter formulou a sua própria versão do determinismo ambiental, embora dentro de parâmetros profundamente influenciados por correntes antirracionalistas, conforme vimos no capítulo 1. Nos escritos de seu discípulo mais conhecido, Elisée Reclus, encontram-se avaliações sobre as influências do meio que são bem mais deterministas do que as proposições ratzelianas. Portanto, se Ratzel é sempre citado como a principal referência teórica da escola determinista, isso se deve provavelmente à maior articulação lógica e empírica do seu trabalho em relação a outros que já haviam tratado do assunto. Além disso, sua formação de naturalista também propiciou a aceitação de suas teses sobre a influência das condições naturais "em um meio intelectual muito bem disposto a aceitar uma ciência determinista" (Claval, 1974, p. 54).

Apesar disso, existe um consenso de que os autores da escola determinista radicalizaram e simplificaram as ideias do seu mestre até o ponto de distorcê-las, pois seus trabalhos estavam pautados muito mais pela noção de causalidade direta, anterior à Ratzel, do que pelas proposições desse autor sobre a questão das influências. Até mesmo autores críticos das teorias ratzelianas admitem que estas foram empobrecidas pelos discípulos diretos de Ratzel, caso da geógrafa norte-americana Ellen Churchill Semple, que foi aluna dele na universidade de Leipzig. Apesar da grande popularidade das obras de Semple nos Estados Unidos, essa autora elaborou explicações para fenômenos culturais baseando-se num determinismo ambiental reconhecidamente mecanicista. Isso se vê, por exemplo, na sua tese de que os preceitos da religião budista se relacionam à "lassidão" própria das populações que vivem em regiões de clima quente e úmido (Claval, 1974).

Ora, por tudo o que foi dito até agora sobre a visão de Ratzel a respeito das relações homem-natureza, fica claro que esse tipo de determinismo era estranho ao seu modo de pensar. Além disso, logo no início do livro *Antropogeografia*, esse autor fez uma extensa revisão bibliográfica sobre as polêmicas travadas ao longo da história a respeito das influências naturais, na qual ele se posiciona contra as tentativas de atribuir características sociais diretamente à ação de fatores do ambiente. Por isso, há um consenso entre os geógrafos contemporâneos de que é um equívoco qualificar Ratzel como um *determinista ambiental*, no sentido de que ele, ao contrário dos autores dessa escola, recusava a tese de que "o homem é um produto do meio", conforme o velho chavão.

Por outro lado, é comum a avaliação de que as considerações teóricas de Ratzel sobre as relações homem-meio são bem mais sofisticadas do que as conclusões a que ele conseguiu chegar em seus estudos de caso (Claval, 1974, p. 54-55; Moraes, 1990). Os autores marxistas acrescentam ainda que, embora o pensamento de Ratzel seja bem mais rico que o de seus discípulos, exagerava mesmo assim o papel das relações entre ambiente e sociedade na explicação de fenômenos históricos e culturais. A teoria ratzeliana do Estado é, em geral, apontada como um dos muitos exemplos disso, conforme vimos. E, de fato, se é verdade que Ratzel acusou muitos intelectuais importantes de superestimarem o papel das influências do meio sobre a sociedade (caso de Montesquieu), por outro lado ele também procurou refutar certos argumentos em favor da supremacia das "causas morais" na explicação das diferenças entre as culturas, como aqueles tecidos pelo filósofo David Hume. E há quem avalie que os argumentos deste último são ainda hoje mais defensáveis do que as objeções que lhe foram dirigidas por Ratzel (Quaini, 1983, p. 90-91).

Segundo Moraes, a razão disso está na contradição entre as proposições de Ratzel sobre o objeto da geografia humana, que ele definiu como as influências do meio na história dos povos, e sua opção de empregar o método positivista. Ele afirma ser incorreto imputar a Ratzel a condição de determinista estreito, porque esse autor explicitava que tais influências eram apenas uma das mediações a serem levadas em conta no estudo das sociedades, ao lado de outras, de ordem econômica e sociocultural. Todavia, Moraes avalia também que, se essa definição do objeto geográfico afastava Ratzel de um raciocínio mecanicista, por outro lado a sua tentativa de estudar as relações naturais sobre a história pelo método positivista conduziu Ratzel, contraditoriamente, a estabelecer procedimentos de análise e princípios interpretativos de cunho determinista, posto que se encontravam assentados no empirismo, na indução e na ideia de causa e efeito (Moraes, 1990, p. 13).

Essas leituras marxistas sobre Ratzel vêm sendo objeto de questionamentos nos últimos anos, pois se atribui a elas o equívoco de reproduzir as leituras incorretas que os geógrafos franceses do final do século XIX e início do XX teriam feito da obra desse autor (Martins, 1994). Nesse sentido, o debate sobre a visão ratzeliana das relações homem-natureza e de sua atualidade está ainda em curso nos dias de hoje (Carvalho, 1997). Para entender melhor essas polêmicas, é preciso então olhar o que vinha acontecendo na França dos tempos Ratzel.

2.3 A proposta regional de La Blache frente à questão das dualidades

Nas últimas décadas do século XIX, a geografia acadêmica começou a superar as fronteiras da Alemanha, pois foram implantados os primeiros cursos regulares dessa disciplina nas instituições de ensino superior de vários países europeus e também dos EUA. No caso francês, esse processo teve início após a Guerra Franco-Prussiana, ocorrida em 1870, pois, até então, os conteúdos de cunho geográfico eram ensinados no curso de História. Dois anos mais tarde, o historiador Paul Vidal de La Blache (1843-1918) tornou-se um geógrafo, ao encarar o desafio de dominar o conteúdo de uma disciplina que nunca havia sido ensinada no país e, simultaneamente, desenvolver os métodos para estudá-la. Ele se aplicou nos estudos de geologia e botânica, bem como das obras dos fundadores da geografia científica e dos geógrafos de seu tempo, como Ratzel. Empreendeu diversas viagens pela França, nas quais eram feitos longos trajetos a pé, pois atribuía grande importância ao contato direto do pesquisador com as paisagens estudadas. Pelo mesmo motivo, usava sempre excursões em suas aulas e valorizou o hábito das "lições itinerantes", que qualificou como "um dos mais notáveis ganhos pedagógicos desses últimos anos" (La Blache, 1982, p. 46).

Devido ao tempo necessário para dominar os conhecimentos geográficos e exercer a função de professor, La Blache publicou pouco em seus anos iniciais de atividade como geógrafo, sendo que suas primeiras publicações tiveram cunho pedagógico. Foi no livro A *França*, volume inicial do seu curso de Geografia, que esse autor apresentou pela primeira vez suas concepções acerca dessa disciplina, como o conceito de *região*, que viria a ter grande importância em seus estudos posteriores. Em 1903, com efeito, ele publicou a obra *Quadro da geografia da França*, que o consagrou nos meios geográficos e o tornou conhecido por um público bem mais amplo. Esse livro apresenta uma divisão do território francês em quinze regiões, cada uma delas possuindo uma capital regional. As regiões são mapeadas e descritas de forma detalhada em seus múltiplos aspectos, sendo o foco principal dessas descrições as paisagens moldadas pelo trabalho humano ao longo de séculos de história. A repercussão dessa obra estabeleceu uma nova linha de pesquisa geográfica, baseada na elaboração de monografias regionais, que dominou a geografia francesa até meados do século.

O objetivo maior dessas pesquisas era construir uma *geografia universal* a partir de um conjunto de estudos de regionalização capazes de cobrir o mundo inteiro, projeto iniciado por La Blache e continuado por seus discípulos franceses, que publicaram vários volumes com pesquisas sobre as Ilhas Britânicas, Países Baixos, Europa Central e América do Norte (Church, 1960, p. 788). Esse projeto se estendeu por décadas e não chegou a ser concluído, mas a elaboração de monografias regionais centradas no estudo da paisagem tornou-se a principal forma de pesquisa em geografia na maior parte dos países (Lacoste, 1989, p. 60).

Todavia, é interessante ressaltar que, embora La Blache estivesse empenhado em estabelecer as bases científicas da geografia e apesar da grande influência que efetivamente exerceu na França e em muitos outros países, seus livros não apresentavam propostas epistemológicas explícitas. Desde os primeiros escritos, ele afirmou sua aversão às construções teóricas apriorísticas e sua convicção de que as pesquisas científicas devem ter por base a observação dos fenômenos, motivo pelo qual ele não efetuava discussões epistemológicas separadas das descrições regionais. Segundo Claval (1974, p. 66), a maneira como La Blache explicava seus conceitos era cativante justamente por estar baseada na ilustração de seu uso em estudos concretos.

Se essa postura contribuiu para a popularidade do seu trabalho, sobretudo na época em que escreveu, teve também um preço: La Blache foi acusado, principalmente na segunda metade do século passado, de ser um empirista ingênuo, que procede a trabalhos minuciosos de descrição sem qualquer reflexão sobre método ou preocupação teórica, o que é justamente o avesso do que uma pesquisa científica deveria ser. Para entender essa avaliação, é preciso examinar as concepções de ciência desse autor, recorrendo a um dos poucos textos em que ele trata especificamente de questões epistemológicas, o qual foi publicado em 1913 com o título As *características próprias da geografia*.

De início, é interessante observar que esse texto é, na verdade, a transcrição de uma palestra que o autor realizou para "um auditório de futuros professores formados nos métodos científicos, mas se preparando ao ensino de diversas disciplinas" (La Blache, 1982, p. 37). O objetivo manifesto é esclarecer o que é geografia e quais são as características que a distinguem das outras ciências, já que ele afirma haver inúmeros "mal-entendidos" sobre tal questão. Vemos nesse introito que existiam dúvidas muito grandes entre os professores a respeito de como situar a geografia no conjunto das ciências, problema ao qual La Blache (1982, p. 37-38) começa a responder da seguinte forma:

> No grupo das Ciências Naturais, ao qual sem nenhuma dúvida se integra, ela possui um lugar à parte. Suas afinidades não excluem sensíveis diferenças. Ora, é sobretudo a respeito dessas diferenças que as ideias

são pouco precisas. [...] A Geografia é considerada como se alimentando nas mesmas fontes de fatos da Geologia, da Física, das Ciências Naturais e, de certa forma, das Ciências Sociológicas. Ela serve-se de noções, sendo que algumas delas são o objeto de estudos aprofundados nas ciências vizinhas: daí vem, então, a crítica que se faz às vezes à Geografia, a de viver de empréstimos, a de intervir indiscretamente no campo de outras ciências, como se houvesse compartimentos reservados no domínio da ciência. Na realidade, como veremos, a Geografia possui seu próprio campo. O essencial é considerar qual uso ela faz dos dados sobre os quais se exerce.

Há muitas observações que podemos fazer sobre essa argumentação. A primeira delas é que, embora La Blache seja um dos principais nomes na construção da geografia humana (tanto que essa expressão se sobrepôs ao termo *antropogeografia* graças, principalmente, à repercussão de sua proposta regional), está claro nessa passagem que ele inclui a geografia entre as ciências da natureza. Uma ciência natural peculiar, sem dúvida, mas que se utiliza de "fatos" das ciências sociológicas apenas "de certa forma", diferentemente da apropriação que faz dos "fatos" provenientes das outras ciências naturais. Isso não diminui a sua contribuição para a geografia humana, posto que a perspectiva de estudo da paisagem, entendida como a materialização da história e da cultura na superfície da Terra, mostrou-se realmente um campo fértil para o estudo das relações entre homem e natureza, o que levou muitos geógrafos a se dedicarem a esse trabalho. Se considerarmos que no final do século XIX havia uma tendência ao predomínio da geografia física, como visto no capítulo anterior, a relevância dessa contribuição fica evidente. No entanto, ressaltar que La Blache chegou a incluir a geografia entre as ciências da natureza num texto da maturidade permite compreender melhor o sentido da seguinte afirmação, que ele frequentemente repetia:

"a geografia é a ciência dos lugares e não dos homens; ela se interessa pelos acontecimentos da história à medida que acentuam e esclarecem, nas regiões onde eles se produzem, as propriedades, as virtualidades que sem eles permaneceriam latentes" (La Blache, 1982, p. 47, grifo nosso).

A oração em negrito tornou-se um emblema da geografia inspirada nas ideias desse autor, frequentemente repetida por seus discípulos. À primeira vista, ela sugere que a geografia é uma ciência humana especial, que se diferencia das demais por não buscar produzir uma explicação do homem ou da sociedade considerados em si mesmos, mas apenas uma explicação das formas da paisagem criadas pelo trabalho humano. Todavia, no contexto em que La Blache a usou no texto em pauta, tal afirmação visava fazer justamente o caminho contrário, ou seja, situar a geografia entre as ciências naturais e destacar que sua peculiaridade estava em considerar os fatos da história humana que realizam certas "virtualidades", algumas possibilidades de transformação da superfície terrestre. Mas, de um modo ou de outro, fica claro que o homem aparece nessa proposta epistemológica apenas como um agente modelador da paisagem, um dos "fatores geográficos de primeira ordem", não como um objeto de estudo (La Blache, 1982, p. 46). Trata-se, assim, de uma visão naturalista da sociedade, pois, ao ver a ação humana como equivalente aos processos da natureza que mais atuam na conformação das paisagens, torna-se possível estudar a relação homem-natureza com métodos semelhantes aos utilizados pelas ciências naturais.

Há mais três observações a se fazer sobre a concepção de *ciência* e de *geografia* desse autor. A primeira delas é que a ênfase de La Blache na noção de *fatos* reproduz algumas características marcantes do espírito positivista da época, conforme vimos, que eram a valorização do raciocínio indutivo, a prevenção contra qualquer forma de construção intelectual e a referência direta aos elementos visíveis da natureza e dos fenômenos sociais na definição dos objetos a serem investigados. Por outro lado, devemos observar que, diferentemente da visão positivista de que cada ciência deve possuir um objeto de estudo exclusivo, La Blache esclarece que considera despropositado dividir o conhecimento científico em "compartimentos reservados". A última observação é que, dentro dessa concepção de ciência, a geografia não se distingue das outras disciplinas pela exclusividade do seu objeto, pois, embora ela possua um "campo" que lhe é próprio, a superfície da Terra, sua contribuição ao conhecimento está no modo como utiliza os dados. Essa ideia de que a geografia se distingue em função do seu ponto de vista específico, e não pelo seu objeto, é a mais comum entre os geógrafos até meados do século XX, conforme o leitor verá adiante. Por enquanto, devemos esclarecer que a particularidade desse ponto de vista geográfico, segundo La Blache, reside na perspectiva sintética, na capacidade de revelar conexões que atuam entre elementos heterogêneos e que se manifestam de forma diferente de um lugar para outro.

A razão apresentada no texto para justificar essa última ideia é a de que a "unidade terrestre" constitui uma verdade apoiada em fatos, os quais foram sendo revelados pouco a pouco no percurso histórico da ciência. O mérito científico da abordagem matemático-cartográfica do estudo da Terra estava na forma como Ptolomeu e outros estudiosos da Antiguidade fizeram prevalecer a noção de *solidariedade* entre os fenômenos sobre as descrições regionais. No entanto, tal noção demorou muito a se consolidar "porque se tratava de apoiá-la sobre fatos e não sobre simples hipóteses". Os trabalhos de Humboldt e Ritter mostraram-se profícuos justamente porque partiam de uma visão geral do planeta, e os progressos científicos realizados depois desses autores teriam confirmado o acerto dessa concepção (La Blache, 1982, p. 38). Em seguida, La Blache cita vários exemplos extraídos de trabalhos de geógrafos, climatólogos e naturalistas para demonstrar que existem relações entre fenômenos biológicos, atmosféricos e tectônicos, as quais, somadas à ação do homem sobre a natureza, confirmariam o princípio da unidade terrestre. Assim, todas as ciências têm de levar em conta essa unidade para produzir suas pesquisas, já que os fenômenos interagem e se modificam mutuamente. Ele então conclui que, enquanto a contribuição das outras ciências reside no estudo de parcelas específicas desse vasto conjunto de fenômenos integrados, a geografia "tem por missão especial procurar como as leis físicas ou biológicas, que regem o globo, se combinam e se modificam, aplicando-se às diversas partes da superfície"(La Blache, 1982, p. 39). Nesse sentido, o uso que a geografia faz de métodos e dados provenientes de outras ciências não nega a sua particularidade e nada tem de anticientífico, pois, segundo ele, é nessa combinação de conhecimentos que está a originalidade e a validade da perspectiva geográfica.

Portanto, esse autor, assim como seus predecessores, valorizava a **observação como ferramenta de conhecimento**, conforme é próprio da ciência normativa, mas propunha utilizar procedimentos descritivos e indutivos para realizar um projeto intelectual inspirado na ideia romântica da natureza como um todo integrado e cuja unidade fundamental é acessível ao conhecimento humano. Ele não citava filósofos românticos em apoio a essa perspectiva, e sim dados extraídos da observação. Ele fala das formas do relevo para ressaltar a interdependência que existe entre elas; menciona a "fisionomia da vegetação" como produto da coexistência harmoniosa, ainda que sempre mutável, de múltiplos tipos de plantas; fala também da ação dos agentes climáticos nos processos de erosão e na geometria das dunas de areia, das ravinas etc.; finalmente, afirma que o mesmo processo de adaptação recíproca que existe entre as formas inanimadas existe também entre os seres vivos, aí incluídos, até certo ponto, os grupos humanos. Em poucas palavras, "vemos que as próprias formas procuram organizar-se entre si, a realizar certo equilíbrio", de sorte que os processos naturais "trabalham de acordo com um plano e para um fim determinado; pouco importa se atingem ou não esse fim"(La Blache, 1982, p. 44).

É realmente difícil resumir as ideias desse autor sem recorrer a muitas citações. Isso se deve à própria estrutura da sua argumentação, que consiste em arrolar diversos "fatos" e extrair deles conclusões diretas, nas quais os vínculos lógicos com eles nem sempre são bem explicados. No caso em questão, vemos que não fica claro em que consiste exatamente esse elo que dá unidade a todos os fenômenos. Também não são esclarecidas as razões pelas quais o uso de conhecimentos vindos de outras ciências em estudos descritivos de determinadas regiões já seria, por si só, um ganho qualitativo em termos de conhecimento científico.

Mas é interessante observar que essa forma de argumentação reproduz o método proposto por La Blache para os estudos geográficos, o qual começa pela descrição dos fenômenos presentes na superfície terrestre e depois prossegue com exercícios de comparação e de elaboração de conclusões. Não existe aí espaço para a formulação de hipóteses preliminares de pesquisa ou para construções apriorísticas, pois tudo se resume a observar diretamente a realidade e descrevê-la de forma a demonstrar as complexas ligações entre seus inúmeros elementos. Assim, de acordo com essa visão de método, não existe uma diferença nítida entre explicar e descrever, pois o ato de elaborar uma descrição das "fisionomias" observadas na superfície terrestre já é quase o mesmo que produzir uma explicação para a unidade dos fenômenos. Mais uma vez, ele justifica essa ideia com o argumento de que se trata de uma decorrência necessária da própria unidade terrestre, a qual a geografia procura abranger com seu olhar integrador:

> A Geografia distingue-se como ciência essencialmente descritiva. Não seguramente que renuncie à explicação: o estudo das relações dos fenômenos, de seu encadeamento e de sua evolução, são também caminhos que levam a ela. Mas esse objeto mesmo a obriga, mais que em outra

ciência, a seguir minuciosamente o método descritivo. [...] No rico teclado de formas que a natureza expõe a nossos olhos, as condições são tão diversas, tão intercruzadas, tão complexas, que elas arriscam escapar a quem acredita tê-las cedo demais. Há dois obstáculos que devem particularmente ser levados em consideração: o das fórmulas muito simples e rígidas, entre as quais deslizam os fatos e o das fórmulas multiplicadas a tal ponto que se acrescentam mais à nomenclatura e não à clareza. Descrever, definir e classificar, além de deduzir, são as operações que logicamente se mantêm; mas os fenômenos naturais de ordem geográfica não se curvam com uma solicitude sempre dócil às categorias do espírito.

A descrição geográfica deve ser maleável e variada como seu próprio objeto. (La Blache, 1982, p. 45-46)

Essa passagem é interessante porque demonstra haver uma dificuldade em combinar os princípios da ciência normativa e do positivismo com o conceito de ciência de síntese. De fato, o autor associa a explicação científica ao deslindamento de relações, encadeamentos e processos evolutivos, além de aceitar o uso da dedução. Mas explicações baseadas na constatação de relações causais regulares ou na identificação dos processos que esculpem certas formas servem apenas para explicar as integrações entre pequenos conjuntos de elementos estreitamente relacionados, deixando escapar inúmeros "fatos". Por isso, ele parece reconhecer que esse tipo de explicação só é realmente aplicável em pesquisas especializadas sobre classes definidas de fenômenos, como os geológicos ou os climáticos, por exemplo, não em abordagens sintéticas. Nesse sentido, a dificuldade de produzir explicações gerais sobre complexos amplos de fenômenos interligados leva o autor a qualificar a descrição pura e simples como um meio de produção de conhecimento científico tão válido quanto qualquer outro, de tal modo que a geografia não perde nada em cientificidade por ser mais descritiva do que as outras ciências. Mais ainda, a riqueza de formas da natureza é tão grande que La Blache não considera possível nem mesmo estabelecer um padrão para os trabalhos descritivos, que deveriam ser variados como a própria superfície terrestre, quer dizer, diferenciados conforme a região que estivesse em foco. Não havia, portanto, a necessidade de tratar sempre dos mesmos temas em todas as descrições regionais, como também não era necessário abordá-los seguindo uma sequência fixa ou hierarquizá-los de acordo com uma ordem de importância predeterminada, já que cada região constitui uma entidade única. É por isso que alguns autores chamam a atenção para o fato de que, embora tenha havido uma padronização das monografias regionais produzidas depois de La Blache, a intenção desse autor nunca foi a de estabelecer um modelo único a ser seguido (Gomes, 2003; Lencioni, 1997). Isso fica nítido na passagem citada anteriormente, quando ele afirma a necessidade de que as descrições sejam maleáveis como a própria superfície da Terra.

No pensamento de La Blache se reproduz, portanto, a mesma dualidade entre o modelo de ciência normativa e as epistemologias críticas da racionalidade desse modelo, dualidade que, como vimos no capítulo anterior, acompanha os debates científicos desde o período iluminista até os dias de hoje. No entanto, para ele, assim como para os fundadores da geografia e muitos outros intelectuais, não havia incompatibilidade alguma entre esses dois modelos. Tanto que o próprio La Blache citava Humboldt e Ritter em apoio à ideia de que a busca de leis gerais não se opõe ao estudo sintético de regiões particulares (Gomes, 2003, p. 220), da mesma forma como faziam os outros geógrafos de sua época. À maneira romântica de Ritter, La Blache, citado pelo geógrafo Henry Baulig, concebia a região como um organismo, um "todo" que possui características únicas, mas que se integra ao conjunto da superfície terrestre. A generalidade não é, assim, o produto da aplicação de um método, mas uma característica intrínseca da superfície terrestre, constituída por uma série de "analogias" entre os elementos (Baulig, 1982, p. 70).

Resumindo, vemos que esse autor afirmava a primazia da observação, baseava todas as suas conclusões em "fatos" e propunha a formulação de leis gerais como objetivo maior da ciência, harmonizado com as visões de conhecimento científico influenciadas pelo positivismo. Ao mesmo tempo, ele sustentava a visão romântica da natureza como um organismo, conforme sua concepção sobre o princípio da "unidade terrestre", e afirmava a validade de estudos sintéticos e descritivos sobre regiões particulares. Buscava, desse modo, compatibilizar um modelo de ciência explicativa, que utiliza procedimentos descritivos, analíticos e dedutivos, com um modelo de ciência baseada na compreensão, ou seja, no recurso a analogias, comparações e na ideia de que a descrição completa dos fenômenos e de suas inter-relações (síntese) já é um tipo de explicação em si mesma. Essas ideias pavimentaram o caminho para que a geografia regional passasse a ser vista pela maioria dos geógrafos como a via mais adequada para solucionar o problema da dicotomia entre geografia física e humana sem recorrer ao determinismo ambiental.

2.4 A polêmica determinismo *versus* possibilismo

As dificuldades para integrar os ramos físico e humano nas abordagens tradicionais da geografia estavam diretamente ligadas ao problema da unidade do método, já que as ciências humanas não eram capazes de produzir leis gerais no mesmo sentido que as ciências da natureza o faziam. O esforço de generalização só se mostrava realmente profícuo nos trabalhos geográficos voltados para a análise de determinados fenômenos naturais em escala mundial (como nas pesquisas sobre o clima), ao passo que os fenômenos sociais e humanos eram tratados de forma pertinente apenas em estudos regionais, devido à dificuldade de fazer generalizações amplas sobre aspectos socioeconômicos e culturais. A tentativa de resolver essa dicotomia por meio do determinismo ambiental esbarrava no fato de que as formas de organização social, política e econômica variam muito, mesmo quando se comparam sociedades que ocupam ambientes com características similares, fazendo com que as interpretações históricas deterministas soassem forçadas. Assim, a geografia regional aparecia para muitos como o ramo em que mais plenamente se realizava o projeto da ciência de síntese, pois só no espaço das regiões é que seriam explicáveis as paisagens construídas historicamente no contato dos grupos humanos com seus ambientes.

Portanto, é preciso falar um pouco sobre a visão lablacheana das relações homem-natureza para esclarecer sua proposta de estudo regional. Como já vimos, o procedimento de atribuir as diferenças entre os povos às influências da natureza vem desde a Antiguidade, sendo que esse tipo de raciocínio foi formulado geralmente em termos deterministas. Ao discutir essa questão, o autor posicionou-se explicitamente contra o determinismo ambiental, enfatizando que as formas de adaptação ao meio criadas pelos grupos humanos ao longo da história são contingentes. Mas nem por isso La Blache, citado por Gomes (2003, p. 200), concebia a liberdade do homem em relação à natureza como absoluta, pois dizia que "ele é ao mesmo tempo ativo e passivo, sem que seja fácil determinar na maioria dos casos até que ponto ele é um ou outro".

Assim, para conduzir o estudo das inúmeras formas de adaptação dos grupos humanos aos seus respectivos ambientes, esse autor propôs aplicar na geografia a noção de *gênero de vida* (pela qual Ratzel se interessou), que era utilizada por pesquisadores de diversas áreas interessados em estudar os povos ditos *primitivos*. Embora La Blache não tenha chegado a lhe dar uma formulação definitiva, podemos dizer que essa noção designa um conjunto particular de técnicas, costumes e instituições estabelecidas pelos agrupamentos humanos para extrair do ambiente os recursos necessários à sua sobrevivência (Sorre, 2002, p. 16-17), sem que haja uma lógica evolutiva que dê uma explicação geral ao surgimento de cada gênero, ou seja, sem que se possa qualificar os muitos gêneros de vida como estágios de uma evolução predeterminada, já que cada uma das formas de adaptação ao ambiente constitui apenas uma possibilidade entre outras. O mesmo vale para o estudo de populações com maior desenvolvimento técnico e econômico, que elaboram paisagens singulares no curso de períodos históricos muito longos, nos quais a adaptação ao meio produz formas duráveis. Era exatamente esse o caso das regiões estudadas por La Blache no livro *Quadro da geografia da França*, já que cada uma delas era vista como a materialização da cultura ou personalidade de um grupo regional na paisagem[*].

Nesse sentido, as regiões seriam entidades concretas, identificáveis pelos elementos naturais e humanos visíveis na paisagem – na verdade, *paisagem* e *região* podem ser considerados aí como termos equivalentes (Corrêa, 1991) – enquanto a perspectiva histórica seria a única via possível para compreender as formas de adaptação ao meio que criam as regiões. A geografia de La Blache não tinha a intenção de produzir uma teoria da história pela investigação das relações homem-natureza, como propunha Ratzel, pois procurava compreender tais relações por uma via assumidamente historicista, centrada no processo histórico de criação de regiões singulares. A formulação de leis gerais não se daria nos estudos monográficos, mas poderia se tornar realidade, no longo prazo, com o avanço do projeto de geografia universal, mediante exercícios

---

[*] Na verdade, La Blache usa o termo *fisionomia* como instrumento para elaborar distinções regionais, como ao se referir à Bretanha e a algumas regiões francesas (Lencioni, 1997, p. 125). Mas, como esse termo caiu em desuso há muito tempo, optamos aqui por seguir os autores que se referem à *região* lablacheana como uma paisagem diferenciada (Corrêa, 1991).

de comparação entre um número muito grande de regiões de todos os continentes.

Essa concepção das relações homem-natureza exerceu grande influência na geografia da primeira metade do século passado e gerou alguma polêmica na história. Quatro anos após a morte de La Blache, o historiador Lucien Febvre publicou o livro A *Terra e a evolução humana: introdução geográfica à história*, cujo objetivo era discutir as relações entre a história e o ambiente. Avesso ao positivismo que estava em voga entre os historiadores do final do século XIX, Febvre procurou refutar as teorias deterministas que explicavam a evolução das sociedades como um processo que se dá por estágios bem demarcados, motivo pelo qual enfatizava as peculiaridades de cada época e de cada civilização. Por isso, ele partia da ideia de La Blache sobre a autonomia relativa da ação humana sobre a natureza para criticar os historiadores que utilizavam as teses do determinismo ambiental com o intuito de explicar o processo histórico (Claval, 1974).

Mas Febvre também debateu com os sociólogos que desejavam estabelecer o estudo das relações sociedade-natureza como objeto da "morfologia social", um ramo da sociologia que nunca chegou a se firmar. Ele apresentou uma série de argumentos para refutar as críticas dos sociólogos à "ambição" explicativa da geografia humana. Um de seus argumentos centrais era que os sociólogos acusavam a geografia de ser determinista por acreditarem que Ratzel e seus seguidores representavam toda a geografia humana, sem se darem conta da particularidade dos geógrafos franceses. Ele contrapôs o determinismo ambiental à concepção lablacheana de que as paisagens constituem a materialização de certas possibilidades de adaptação do homem ao meio, a qual ele então denominou *possibilismo*[m]. Concluiu, assim, que o "objeto legítimo da pesquisa" deve ser "as relações do meio e das sociedades na sua evolução histórica", definição essa isenta de qualquer noção de causalidade entre os dois fatores (Febvre, 1953, p. 481).

Nesse sentido, Febvre não procurou reformular a geografia, já que nunca desejou deixar de ser historiador, mas desempenhou um papel importante para essa ciência ao afirmar sua validade e especificidade em relação às outras disciplinas, além de divulgar as concepções de La Blache e de seus primeiros discípulos nos próprios meios geográficos. Essa divulgação foi relevante principalmente nos países anglo-saxões, onde a influência do determinismo ambiental mostrou-se particularmente forte e duradoura (Claval, 1974, p. 67-69).

Assim, foi graças à Febvre que a geografia de La Blache e de seus seguidores passou a ser denominada *escola possibilista*; mas nem ele, nem os geógrafos desse grupo se preocuparam em elaborar uma análise lógica ou filosófica do possibilismo, isto é, da visão relativista das relações homem-natureza. Além disso, embora os geógrafos possibilistas tenham acusado Ratzel de ser um determinista ambiental (embora reconhecendo sua superioridade em relação àqueles que radicalizaram sua proposta de antropogeografia), não existe uma diferença radical entre as concepções de Ratzel e de La Blache sobre as influências naturais. Ambos pensavam o homem e a natureza como uma unidade, além de dizerem coisas semelhantes sobre a dependência humana dos recursos naturais e sobre a criatividade com que os povos conseguem utilizar tais recursos (Lencioni, 1997, p. 119-120).

A esse respeito, vale mencionar que Febvre citou uma afirmação feita por La Blache como exemplo de que certas críticas sociológicas à "ambição" da geografia, às vezes, "têm cabimento". Numa conferência sobre "as condições geográficas dos fatos sociais", La Blache afirmou que a centralidade da família e da aldeia na organização social dos chineses e de outros povos do Extremo Oriente se devia ao seu modelo de rizicultura altamente intensivo em mão de obra, o qual, por ser "inspirado pelas condições geográficas", demonstraria haver aí uma "relação de causa a efeito". Febvre (1959, p. 448) relativiza o peso dessas afirmações ponderando que foram proferidas devido à influência do auditório e do próprio título da conferência, mas não deixa de derrubar a hipótese de La Blache com o argumento de que esse tipo de organização social não é exclusivo dos povos orientais.

Tal exemplo sugere que, embora sustentasse uma postura relativista sobre as relações homem-natureza e enfatizasse que a história é sempre marcada por certo grau de contingência, o possibilismo não deixava de ser um determinismo ambiental amenizado. Na avaliação dos geógrafos críticos, apesar das polêmicas entre deterministas e possibilistas, as duas escolas se restringem ao estudo das relações entre um "homem" abstrato e o meio natural, sem colocar em foco as relações entre os homens, que diferenciam socialmente as formas de acesso à natureza e estabelecem a existência, na verdade, de uma relação sociedade-natureza. A concepção lablacheana de que a geografia é a ciência dos lugares, não dos homens, contribuiu enormemente para isso. E é significativo mencionar que mesmo trabalhos que não atribuem nenhum viés de determinismo ambiental a Ratzel destacam a proximidade desse autor em relação a La Blache, ao afirmarem que ambos teriam, na verdade, a mesma visão sobre as relações homem-natureza, além de apresentarem essencialmente a mesma definição para conceitos como o de *gênero de vida* (Carvalho, 1997).

Apesar da grande repercussão das teses de La Blache, pelo menos dois problemas subsistiram no interior do seu projeto intelectual. O primeiro deles é a suposição apriorística de que as regiões constituem entidades reais passíveis de serem reconhecidas pela observação da paisagem, como ressalta o geógrafo Yves Lacoste em sua conhecida crítica. Esse autor qualifica o conceito lablacheano de região como "um dos obstáculos capitais que impedem de colocar os problemas da espacialidade diferencial, pois admite-se, sem discussão, que só existe uma forma de dividir o espaço"(Lacoste, 1989, p. 62). O problema basilar dessa geografia regional é que ela escamoteia a arbitrariedade dos critérios que utiliza para dividir o espaço, apresentando uma série de "quadros regionais" definidos a partir de elementos selecionados como se fossem apenas descrições de um conjunto de objetos (as "regiões") cuja concretude e individualidade seriam óbvias.

E pior ainda, no dizer de Lacoste, é que os critérios utilizados são heterogêneos. Algumas regiões são delineadas com base principalmente em acidentes de relevo, outras pelo clima, outras ainda por aspectos culturais e históricos, e assim por diante. Dessa maneira, o procedimento de chegar à "região-síntese" de elementos físicos e humanos cria a miragem de que as regiões são reais na medida mesma em que se furta de discutir os critérios usados para dividir o espaço e os propósitos aos quais essa divisão poderia servir. Portanto, o problema com esse tipo de regionalização não está na arbitrariedade dos critérios selecionados para delimitar as "regiões", mas na ausência de uma reflexão sobre as funções teóricas e políticas dos critérios de divisão do espaço, já que é somente a partir dessa reflexão que se faz possível estabelecer, metodicamente, os critérios de divisão a serem empregados (Lacoste, 1989, p. 98). E uma vez que toda divisão da superfície terrestre resulta de uma seleção de elementos naturais e/ou humanos que visa atender certos objetivos, esse autor conclui que as regiões devem ser encaradas como "representações abstratas, objetos de conhecimento e ferramentas de conhecimento produzidas pelas diversas disciplinas científicas" (Lacoste, 1989, p. 69).

O segundo problema que vale destacar na geografia regional de La Blache diz respeito às dúvidas que persistiram entre os geógrafos quanto à cientificidade de uma disciplina que se recusava a fazer generalizações (a não ser, possivelmente, com o avanço da geografia universal), limitando-se à produção em série de monografias regionais altamente descritivas. É por isso que os debates acerca da dicotomia entre os enfoques "sistemático" e "regional" tiveram prosseguimento, embora La Blache (1982) afirmasse que essa questão já estava superada. Desse debate participaram inclusive alguns representantes eminentes da escola possibilista, como Maurice Le Lannou, que procurava refutar a visão de que somente a geografia geral estaria apta a ser considerada científica (Hartshorne, 1978, p. 120).

É importante destacar que alguns defensores da abordagem lablacheana, no intuito de justificar a importância das monografias regionais, acabaram por reproduzir a dualidade entre racionalismo e romantismo, mas sem usar qualquer fundamentação filosófica explícita para justificá-la: "Na França, a geografia tornou-se científica, mas permaneceu como arte. Sua literatura é algo que ostenta beleza e não apenas um maçudo jargão técnico" (Church, 1960, p. 788). Essa é uma herança direta de La Blache, para quem os trabalhos de descrição geográfica, pela necessidade de serem maleáveis como o próprio objeto descrito, deveriam tirar proveito da "terminologia popular", já que esta é "formada diretamente em contato com a natureza"(La Blache, 1982, p. 46). Décadas após sua morte, a ideia de que as monografias regionais podem fazer uso da linguagem literária, sem deixarem de ser científicas, era defendida com argumentos como estes:

> Observa-se que diferentemente das geografias gerais, a descrição regional não tem vocabulário técnico. Ela fala a linguagem de todo o mundo, seja porque se endereça a todo o mundo, mas também porque convida o leitor a uma participação ativa estimulando sua memória e sua imaginação: evoca mais ainda do que descreve. No seu grau de perfeição, a beleza da forma faz exprimir a plenitude, a riqueza secreta do pensamento. Perfeição raramente atingida, salvo nas mais belas páginas do "Tableau de la géographie de la France" [Quadro da Geografia da França]. Neste grau, desaparece a distinção arte ou ciência, ciência ou arte, como em certos escritos filosóficos pensamento e forma estão

indissoluvelmente unidos, do mesmo modo que em tal obra-prima pictórica a pureza da linha lembre as harmonias matemáticas. (Baulig, 1982, p. 69)

Esse texto do geógrafo Baulig foi publicado já em 1948, momento em que o processo de constituição de ciências especializadas já ia bem avançado. Nesse sentido, ao utilizar o plural "geografias gerais" em vez da expressão no singular, que é a mais comum, o autor indica que as teorias que vinham sendo formuladas em diversos ramos das ciências naturais não se referiam a complexos de elementos heterogêneos, mas a categorias específicas de fenômenos. Por isso, ele constatava uma tendência a que diversas disciplinas científicas de caráter geográfico se descolassem da geografia, restando a esta última "certa maneira de encarar as coisas, um modo de pensamento, talvez uma categoria nova de inteligência". Essa era a forma como Baulig (1982, p. 69-70) reafirmava, num contexto de crescente especialização do conhecimento sobre a natureza, a tese de que a particularidade da geografia está no seu olhar integrador sobre os fenômenos naturais e humanos que ocorrem na superfície da Terra.

Todavia, as descobertas realizadas pelas ciências sistemáticas na primeira metade do século XX fortaleceram a ideia, ao menos nas ciências naturais, de que produzir conhecimento científico é formular teorias gerais referidas a categorias particulares de fenômenos e não traçar analogias entre regiões caracterizadas por relações entre elementos heterogêneos. A isso se somou a crise do positivismo clássico nesse período, que levou a uma série de ataques contra os trabalhos científicos excessivamente centrados na observação e descrição. Assim, foi se tornando cada vez mais difícil aceitar que sínteses regionais descritivas, destituídas de vocabulário técnico e elaboradas com uma boa dose de linguagem literária e de intuição artística, pudessem ser contribuições efetivas ao conhecimento científico. Diante disso, a epistemologia proposta por Richard

Hartshorne, a partir do legado de Alfred Hettner, apareceu como um interessante caminho para conferir rigor metodológico ao projeto da ciência de síntese, dentro de uma perspectiva racionalista.

2.5 De Hettner a Hartshorne: a geografia como ciência da diferenciação de áreas

Já comentamos que o século XIX foi o período de surgimento e ascensão do positivismo ao *status* de método mais utilizado pelas ciências naturais e humanas, em que pese sua ramificação em várias correntes. No entanto, três fatores concorreram para gerar uma reação ao positivismo, iniciada por volta de 1870 e fortalecida após a virada do século. O primeiro deles foi o **inconformismo** de muitos filósofos com a **função reduzida e subordinada** que o positivismo, especialmente em sua versão comteana, reserva à filosofia. Se todo conhecimento provém apenas da observação, e toda construção intelectual tende a ser vista como *metafísica*, então cabe à filosofia nada mais do que fazer a generalização das descobertas mais importantes realizadas pelas ciências, e daí surge a crítica de muitos filósofos ao positivismo. Um segundo fator de reação teve origem no âmbito das ciências, pois as primeiras três décadas do século XX foram marcadas por revoluções e descobertas que puseram em xeque o positivismo clássico, como a **superação da física newtoniana** pela física moderna, a **formulação da teoria das mutações genéticas** e a **estruturação da psicologia**. Finalmente, houve uma reação que resultou da persistente dificuldade das ciências humanas em aplicar os princípios positivistas, mesmo por meio da assimilação do evolucionismo. A geografia humana era uma demonstração disso, com seu dilema entre recorrer ao determinismo ambiental, caindo em leis simplistas, ou relativizar o papel das influências da natureza sobre a história, limitando-se, assim, a descrições regionais científico-literárias, desprovidas de qualquer generalização.

Até a primeira década do século XX, a principal vertente de crítica ao positivismo tomou corpo com o surgimento das "escolas neokantistas" de pensamento filosófico, as quais tiveram influência considerável sobre o pensamento científico. De forma um tanto esquemática, podemos dizer que o objetivo básico dessas escolas era fazer a crítica do positivismo sem recorrer aos grandes sistemas filosóficos produzidos pelos idealistas germânicos do início do século, e daí a proposta de resgatar as ideias de Kant. Como o leitor deve se lembrar, esse filósofo estabelece que o conhecimento não pode ter acesso às coisas em si mesmas, mas apenas aos fenômenos, isto é, às coisas tal como aparecem ao sujeito sob as formas da percepção e as categorias do entendimento. Por conseguinte, a objetividade da ciência é constituída por categorias que não são propriedades dos objetos, mas sim condições do conhecimento, isto é, conceitos *a priori* que possibilitam apresentar os fenômenos sob a forma de relações de causa e efeito, de quantidades, qualidades etc. A teoria do conhecimento de Kant se opõe, assim, ao princípio positivista de que todo conhecimento provém diretamente da experiência imediata, sensível, já que a própria experiência é, segundo Kant, constituída pelas categorias do entendimento.

Todavia, o neokantismo não foi simplesmente uma volta à filosofia de Kant, mas principalmente um esforço de reinterpretação no qual algumas proposições fundamentais desse autor foram radicalmente modificadas. De fato, alguns dos mais importantes filósofos neokantistas, como Wilhelm Windelband (1848-1915) e Heinrich J. Rickert (1863--1936), no intuito de refutar o princípio positivista da unidade do método, acabaram por fundamentar seus argumentos na possibilidade de um conhecimento metafísico que vai além dos fenômenos, ideia essa estranha à filosofia de Kant. De todo modo, foi por essa via de reinterpretação que os neokantistas procuraram rever o sistema das ciências formulado por Kant à luz do contexto científico do início do século XX, no qual várias disciplinas novas estavam constituídas. Foi Windelband quem estabeleceu a distinção entre o método nomotético⁽ᵐ⁾ e o método idiográfico ⁽ᵐ⁾, sendo o primeiro dedicado à formulação de leis gerais e o segundo à investigação de fenômenos isolados. Juntamente com Rickert, ele qualificou a economia e a sociologia como ciências aptas a utilizar o método nomotético, incluindo-as, portanto, entre as ciências naturais, enquanto a história figuraria como uma das "ciências culturais", orientadas pelo método idiográfico.

Mas isso não quer dizer que eles classificassem as ciências segundo um esquema rígido, pois entendiam essas categorias de ciências apenas como "tipos ideais", ou seja, como modelos teóricos que ajudam a entender as características, semelhanças e diferenças entre as disciplinas científicas, já que estas nunca são exclusivamente nomotéticas ou idiográficas e sim combinações de ambos os métodos. No fundo, a principal diferença que os neokantistas viam entre as ciências estava na forma como atribuíam à história e a outras "ciências culturais" um caráter totalmente distinto do modelo de ciência físico-matemática. O argumento fundamental para essa distinção é o de que os fenômenos relacionados à cultura não podem ser realmente explicados, já que não são determinados por relações de causa e efeito, mas apenas compreendidos dentro de contextos históricos específicos. Nesse sentido, as ciências que tratam dos fenômenos mais especificamente humanos não podem e nem devem buscar a formulação de leis gerais, mas apenas a compreensão de cada fenômeno em seu próprio contexto histórico.

Como fica, porém, a geografia no conjunto das ciências? Quem procurou responder a essa pergunta foi o geógrafo alemão Alfred Hettner (1859-1941), que procurou formular uma proposta epistemológica alternativa às opções oferecidas pelo determinismo e pelo possibilismo. Suas considerações sobre o tema, num diálogo com as ideias de Comte e dos autores neokantistas, acabam conduzindo a uma classificação das ciências muito semelhante àquela exposta por Kant na introdução a suas conferências didáticas. Como foi explicado no capítulo 1, Kant afirma que as ciências empíricas se diferenciam umas das outras por descrever os fenômenos segundo conceitos ou conforme a sua distribuição no tempo ou no espaço. De modo análogo, Hettner diz que as "ciências concretas" se dividem em três grupos, os quais se caracterizam por estudar a realidade de acordo com pontos de vista próprios, a saber: o do grau de homogeneidade dos objetos, o do desenvolvimento temporal das coisas e, por fim, o da organização das coisas no espaço. Hettner denomina o primeiro grupo de *ciências sistemáticas*, citando como exemplos o conjunto formado pelas "ciências do espírito" (uma forma de distinção preliminar e bastante geral) e algumas disciplinas mais específicas, como a mineralogia e a botânica, entre outras. Ao segundo grupo ele se refere como *ciências cronológicas* dentre as quais se inclui a história civil ou "história cultural do homem". Por fim, o terceiro grupo recebe a denominação de *ciências corológicas* e é constituído apenas pela astronomia, que investiga o ordenamento dos corpos celestes no espaço, e pela geografia, que estuda o ordenamento das coisas na superfície terrestre (Hettner, 2000, p. 144).

Como se pode ver, Hettner partilha da ideia tradicional de que a particularidade da geografia não está em possuir um objeto exclusivo, como ocorre com as ciências sistemáticas, mas sim pelo ponto de vista específico dessa ciência. O dado da realidade que justifica a necessidade de uma ciência corológica assim concebida é, segundo Hettner, a existência de relações entre pontos distintos da superfície da terra e a interdependência dos fenômenos que ocorrem num mesmo lugar. Como as ciências sistemáticas e as históricas só se referem a essas relações espaciais de forma alusiva, a importância da geografia deriva da necessidade lógica de completar o conhecimento científico pelo enfoque desse tipo de relação (Hettner, 2000, p. 145-146).

Com base nessas considerações, Hettner propõe que o objeto da Geografia não são as relações homem-meio, conforme preconizavam as correntes determinista e possibilista, mas sim o ordenamento das coisas na crosta terrestre. A pesquisa geográfica consiste em demonstrar **por que** e **em que** as diferentes porções do planeta se diferenciam umas das outras, e faz isso mediante o estudo das combinações únicas de elementos físicos e humanos que as caracterizam. Desse modo, embora por uma via metodológica bem diferente, Hettner converge com La Blache na proposição de que o estudo regional é aquele em que a perspectiva sintética da geografia se realiza mais plenamente. Segundo Hettner, a geografia geral estudaria relações que se dão entre pequenos conjuntos de fenômenos em escalas amplas, enquanto a geografia regional se valeria desse tipo de estudo tópico como base para investigar as relações entre múltiplos fenômenos na escala de uma região. Como "ciência concreta" que se desenvolve no estudo corológico, a geografia é, assim, uma disciplina que se vale tanto da perspectiva nomotética quanto da idiográfica.

Nesse contexto, Hettner e La Blache se situam entre aqueles que firmaram o estudo regional como a base da chamada *geografia clássica*[m], aquela que se fez predominante no período que vai do início do século XX até aproximadamente os anos 1950 (Claval, 1974). Apesar disso, a repercussão das ideias de Hettner foram muito menores do que as de La Blache (ao menos no que diz respeito aos geógrafos não alemães), pois as monografias regionais inspiradas nos pensamentos possibilistas constituíram a forma predominante de pesquisa geográfica nesse período. Foi a partir dos anos 1930 que as teses de Hettner passaram a exercer uma influência mais ampla, graças ao desenvolvimento da sua epistemologia pelo geógrafo norte-americano Richard Hartshorne (1899-1992).

Hartshorne produziu seus principais trabalhos num momento da história da ciência, as décadas de 1930 a 1950, em que a perspectiva racionalista se impunha com novo vigor. Já no início desse período, a crise do positivismo clássico havia se aprofundado com a consolidação da física moderna e de outras descobertas que substituíram o determinismo mecanicista da ciência newtoniana por explicações de tipo probabilístico. O princípio da unidade do método foi abandonado por muitos cientistas em favor de uma perspectiva mais pluralista, na qual o rigor metodológico é buscado por reflexões centradas nas características do objeto de estudo de cada ciência. Na área das ciências humanas, as concepções românticas embutidas em diversas filosofias neokantistas haviam perdido a força, pois se buscava superar o empirismo ingênuo do positivismo clássico por meio de métodos que, sem deixarem de ser rigorosos, baseavam-se na definição de objetos e conceitos que eram assumidamente construções intelectuais. A epistemologia de Hartshorne se insere nesse contexto como um "classicismo metodologicamente fundado" (Gomes, 2003, p. 236), ou seja, uma proposta que visa conferir precisão conceitual e terminológica aos estudos de síntese regional sem colocar em segundo plano a elaboração de explicações gerais. Mas não que esse autor tenha sido o único a buscar uma renovação da geografia clássica pela proposição de conceitos e métodos mais rigorosos. Nos anos 1920, o geógrafo norte-americano Carl Ortwin Sauer (1889-1975) já havia publicado trabalhos de grande importância com tal objetivo. Aliás, "contrariamente ao que é geralmente afirmado, Sauer foi o primeiro a dizer, antes de Hartshorne, que a diferenciação regional [...] constituía o objeto fundamental da geografia" (Gomes, 2003, p. 232). Mas, dada a necessidade de sermos breves, não iremos tratar das semelhanças e antagonismos entre esses dois autores neste livro.

A visão expressa por Hartshorne em seu livro *Propósitos e natureza da geografia*, publicado originalmente em 1959, é a de que não há realmente uma dicotomia entre os enfoques "sistemático" e "regional", pois a combinação desses métodos é essencial para a geografia, dado o caráter corológico dessa ciência. Descobrir leis gerais capazes de explicar o comportamento de determinado fenômeno, onde quer que ele se manifeste, constitui tarefa própria de ciências sistemáticas, tal como acontece com a climatologia, por exemplo. Em contrapartida, o objeto da geografia seria a diferenciação de áreas, sendo que Hartshorne prefere utilizar o termo *área* em vez de *região* para escapar da carga de significados tradicionalmente associados a este último (Hartshorne, 1978).

Mas em que consiste, afinal, a diferenciação do globo em "áreas"? Consiste no estudo da distribuição de elementos naturais e humanos sobre a superfície terrestre e da variação espacial das formas de integração entre esses elementos heterogêneos. Por tal motivo, a especificidade da disciplina estaria na combinação dos enfoques sistemático e regional, sendo o primeiro pertinente ao estudo das inter-relações de conjuntos de elementos selecionados e o segundo à divisão da superfície terrestre em áreas definidas segundo as formas de distribuição e interação desses elementos. Ao invés de uma dualidade de métodos, haveria, assim, uma gradação ao longo de um *continuum* entre os trabalhos que analisam um pequeno "complexo de elementos" inter-relacionados ao longo de áreas extensas (como um continente inteiro) e aqueles que analisam um grande número de elementos em interação dentro de áreas restritas (Hartshorne, 1978, p. 129). Um bom exemplo que esse autor nos dá é a conhecida divisão do planeta em zonas climáticas, definida com base na relação de apenas dois fatores, que são a latitude e a temperatura. Por outro lado, quanto maior o número de elementos selecionados e de relações que se deseje estudar, menor tem de ser a área estudada.

O primeiro ponto que chama atenção nas ideias de Hartshorne (1978, p. 191) é que, considerada nesses termos, a geografia não se distingue das demais ciências pelo fato de possuir um objeto exclusivo de pesquisa (isto é, uma determinada categoria de fenômenos físicos ou sociais que lhe seja próprio investigar), mas sim pelo seu ponto de vista específico, que consiste justamente na combinação dos dois métodos mencionados.

Outro ponto importante é que, como as divisões de áreas devem ser definidas pelos geógrafos de acordo com cada conjunto de elementos que se deseje analisar, o autor conclui que as regiões não são entidades concretas, mas apenas uma "criação da mente do pesquisador", um *approach* para o estudo das formas de interação entre elementos heterogêneos em suas variações espaciais (Hartshorne, 1978). A maneira de utilizar o conceito de região constitui, assim, uma questão metodológica fundamental para a geografia, pois é somente por meio de variadas formas de divisão do espaço que essa disciplina pode atingir plenamente seus objetivos, razão que leva Hartshorne a discutir os meios pelos quais seria possível construir um conceito científico de região.

A esse respeito, ele constata que o termo *região*, tal como é empregado pelos geógrafos, tem um significado impreciso e plenamente de acordo com seu uso popular – como vimos, La Blache e seus seguidores consideravam pertinente adotar termos populares. Nos trabalhos de geografia regional, considerando-se a natureza das áreas designadas por esse termo, "o máximo que se pode afirmar é que *uma 'região' é uma área de localização específica, de certo modo distinta das outras áreas, estendendo-se até onde alcance essa distinção*. A natureza da distinção é determinada pelo pesquisador que empregar o termo" (Hartshorne, 1978, p. 138). A imprecisão associada a esse conceito deriva, segundo se pode concluir das reflexões de Hartshorne, do próprio entendimento da crosta terrestre como um complexo de elementos naturais e humanos que se inter-relacionam segundo formas e em graus que variam espacialmente. Estando a geografia interessada em explicar essas relações e sua variabilidade espacial, o conceito de região se desenvolveu dentro da disciplina como um meio para proceder a divisões de áreas que pudessem ser estudadas segundo o mais amplo conjunto possível de elementos heterogêneos em integração (Hartshorne, 1978, p. 137). Entretanto, dada a impossibilidade de estudar as incontáveis formas de integração que se estabelecem entre todos os elementos naturais e humanos presentes na crosta, fazia-se necessário determinar quais elementos poderiam ser adequados para estabelecer divisões de áreas segundo as similaridades mais significativas entre elas. Mas esse é apenas o começo das dificuldades, tendo em vista que

> *todas as tentativas que visam definir o conceito em função de todos os aspectos significantes de variações espaciais têm sido frustradas pela falta de covariância entre os aspectos significantes. Uma divisão realista em regiões, não importando qual seja a definição da palavra região, obriga o pesquisador a tomar decisões subjetivas ao pesar a importância dos diferentes fenômenos. A fim de transformar o conceito de região num instrumento técnico preciso, capaz de ser objetivamente aplicado, foi necessário abstrair, da realidade total, características particulares das áreas, isto é, considerar apenas aspectos individuais ou integrações elementares de aspectos estritamente relacionados entre si. Isso necessariamente separou os dois tipos principais de relações espaciais, que [...] estão implícitos num sistema regional realístico, a saber, as relações de semelhança e diferença entre os fenômenos num mesmo lugar, e as conexões entre os fenômenos de lugares diferentes.* (Hartshorne, 1978, p. 139)

É em virtude dessa necessidade de abstração que temos as **regiões homogêneas**, definidas pelo critério da distribuição espacial de certos elementos selecionados, e as **regiões funcionais**, relacionadas aos fenômenos que estabelecem conexões entre os lugares. Essas regiões são, assim, resultado de dois critérios diferentes de divisão do espaço, a partir dos quais se pode definir conceitos de região genéricos e tecnicamente precisos, mediante a operação lógica de isolar um ou mais elementos da realidade para o estudo (sempre incompleto) da diferenciação de áreas. Alguns desses conceitos podem ser utilizados de maneira combinada a fim de construir um quadro mais aproximado da realidade, mas jamais se poderá chegar a uma divisão do espaço que integre todos os conjuntos possíveis de regiões homogêneas e/ou funcionais num único sistema coerente de regiões. Daí a conclusão de que, por paradoxal que pareça, a capacidade de formular conceitos científicos de região pertence apenas aos estudos sistemáticos, não àqueles de natureza estritamente regional, pois as tentativas de contemplar um grande número de elementos dentro de um único conceito de região conseguem apenas reproduzir a noção própria do senso comum (Hartshorne, 1978, p. 146). Ou seja, o termo *região* só pode assumir um significado tecnicamente preciso à medida que estiver referenciado a uma teoria explicativa de determinada classe de fenômenos ou a um pequeno conjunto de elementos físicos e/ou humanos estreitamente relacionados.

Todavia, é importante observar que, embora associe a construção de conceitos claros e objetivos às abordagens sistemáticas, Hartshorne também afirma e repete diversas vezes que o estudo das características que constituem a singularidade dos lugares é uma função exclusiva da geografia, e possui importância em si mesmo. As regiões definidas a partir de teorias explicativas dos padrões espaciais são sempre aproximações da realidade, não dando conta de explicá-la completamente, o que justifica o interesse científico pelo estudo das características que tornam um lugar único. O autor exemplifica essa ideia dizendo que não existe uma teoria que seja capaz de explicar o porto de Nova Iorque.

A função da geografia é justificada com base no esquema de classificação das ciências elaborado por Hettner, segundo o qual a maioria das disciplinas científicas não se distingue tanto pela exclusividade dos seus objetos, mas principalmente pelo ponto de vista usado no estudo da realidade, que é uma só para todas as ciências. Como a especificidade da geografia está no seu ponto de vista corológico, essa é a única ciência que se ocupa de pesquisar as combinações de elementos que particularizam uma área, gerando, assim, um conhecimento que é importante em si mesmo e que só essa ciência produz.

Assim delineada, a epistemologia de Hartshorne demonstra que seu objetivo maior era estabelecer a cientificidade do projeto clássico da ciência de síntese dentro dos parâmetros da ciência normativa. Realmente, embora esse autor mantenha o postulado clássico de que a geografia estuda relações entre fenômenos variados, vemos que sua justificativa para a necessidade e viabilidade desse tipo de pesquisa não se baseia na visão romântica da natureza como um "organismo" ou "todo" cujas partes são indissociáveis. Pelo contrário, sua proposta consiste numa flexibilização da síntese geográfica na medida em que o estudo das formas de integração entre os elementos se faz sempre de forma parcial, ou melhor, pela aplicação de critérios metódicos de seleção de elementos e de divisão de áreas. O geógrafo produz análises tópicas sobre integrações de pequenos grupos de elementos em áreas extensas, nas abordagens mais nomotéticas, ou estudos de caráter mais idiográfico sobre conjuntos amplos de elementos em áreas restritas, que complementam as teorias gerais sem, entretanto, reproduzir toda a complexidade do real. Ele pode empregar conceitos de regiões homogêneas e/ou funcionais para tratar dos padrões de distribuição e das conexões entre lugares, mas os dois tipos de conceitos geram sempre representações incompletas da realidade. Assim, a síntese que esse autor propõe é compatível com a racionalidade analítica do modelo normativo de ciência, justamente por ser uma síntese parcial e flexível.

Adicionalmente, ao afirmar que as regiões não são entidades concretas e condicionar a possibilidade de definir conceitos claros e objetivos de região ao emprego de teorias gerais, o autor deixa claro que é na utilização de métodos rigorosos e na generalização que repousa a cientificidade da geografia, como estabelece o modelo normativo. A importância de estudos que demonstram a singularidade de certas áreas, por sua vez, é justificada com o argumento lógico de que são necessários para um conhecimento mais completo da realidade, e não sob a ótica romântica da existência de "personalidades" regionais, ou da afirmação de que a região é um microcosmo que reproduz o "todo".

Portanto, vemos que Hartshorne se manteve vinculado à visão dos autores clássicos da geografia, pois a proposta de estabelecer a diferenciação de áreas como objeto de estudo é uma versão mais elaborada do projeto de ciência de síntese. Apesar disso, é inegável a importância científica que esse autor atribuía à questão dos padrões de distribuição espacial dos fenômenos, que é a preocupação central da maioria dos geógrafos modernos. Por esse motivo, a avaliação do seu projeto intelectual varia muito de um geógrafo para outro, pois, enquanto alguns o julgam como um autor avançado e rigorosamente racionalista, outros preferem classificá-lo como um conservador que insistiu na importância intrínseca de trabalhos descritivos que nada contribuíam para a formulação de leis (Gomes, 2003, p. 242-243). As primeiras contestações radicais às suas teses, bem como aos pressupostos básicos da geografia tradicional, surgiram já nos anos 1950 e ganharam força nas duas décadas seguintes. Antes de explicar essas críticas, porém, é preciso fazer um breve balanço das três vertentes da geografia tradicional que analisamos até agora, de modo a pôr em realce a heterogeneidade dessa corrente, frequentemente obscurecida pelo clichê de que se tratava de uma geografia positivista.

2.6 Diversidade e atualidade da geografia tradicional

Há muitas maneiras de classificar autores em correntes e subcorrentes de pensamento, de acordo com o que se deseja destacar. Quando se fala numa geografia clássica, que durou do início até a metade do século passado, chama-se a atenção para o fato de que o estudo regional (especialmente nos moldes possibilistas) foi a principal forma de pesquisa durante esse período, ao menos em geografia humana. Já a classificação dos geógrafos que vão aproximadamente de Ratzel a Hartshorne, na chamada *geografia tradicional*, serve para pôr em foco dois temas fundamentais, a saber: o processo de constituição da geografia humana como ramo específico da disciplina, desde as primeiras formulações que lhe deram especificidade, o projeto de ciência de síntese e as principais propostas epistemológicas pelas quais ele foi implementado. Como vimos ao longo do capítulo, as propostas para realizar esse projeto deram origem a três correntes, que foram o *determinismo ambiental*, o *possibilismo* e o *estudo da diferenciação de áreas*.

A escola determinista surgiu com os discípulos de Ratzel, que radicalizaram as propostas do mestre. Esse autor estabeleceu que o objeto da geografia é a relação homem-natureza, ou melhor, o estudo da variedade dos quadros naturais com o fim de desvendar as leis que regulam as influências da natureza sobre a evolução dos povos. Nesse sentido, seria correto dizer que Ratzel era um teórico determinista? Sim, mas apenas no sentido de que esse autor, seguindo uma concepção racionalista, visava formular leis referenciadas a uma causalidade válida para todos os povos e para todas as épocas. Seria então correto qualificá-lo como um determinista ambiental? A reposta é não, pois ele entendia a adaptação do homem ao ambiente como um processo mediatizado pela cultura em sentido amplo, de forma que a natureza constitui apenas um fator que pode funcionar como estímulo ou obstáculo para as ações humanas, não como determinação causal sobre a história.

Por sua vez, La Blache criticou as ideias de Ratzel e de seus seguidores sobre as influências naturais, enfatizando que, embora a liberdade do homem em relação à natureza não seja absoluta, esta constitui apenas um conjunto de possibilidades de transformação. Assim, embora a definição de La Blache sobre o objeto da geografia não seja muito clara (podemos dizer que é a superfície terrestre, que ele qualifica como o "campo" próprio da disciplina), a escola possibilista se desenvolveu principalmente pelo estudo das relações homem-natureza materializadas na paisagem. Com efeito, era na paisagem que se identificavam as regiões e gêneros de vida estabelecidos no processo de adaptação do homem ao ambiente, de modo que as monografias regionais se firmaram, até meados do século XX, como o estudo no qual a síntese de elementos físicos e humanos se realizava mais plenamente.

Neste ponto é importante acrescentar que essa proposta de estudo regional não foi a única elaborada por La Blache. No livro *A França de Leste*, de 1906, ele desenvolveu um estudo que dava grande atenção a questões políticas, bem diferente do modelo monográfico do *Quadro da geografia da França*. No entanto, a academia valorizou apenas este último livro (Lacoste, 1989, p. 60). Outro trabalho de La Blache que não teve muita repercussão foi uma pesquisa que ele elaborou por encomenda do governo francês com o objetivo de subsidiar as atividades de planejamento. Ali, ele faz uso de uma concepção de *região* diferente da ideia de síntese de elementos heterogêneos, pois leva em conta principalmente os aspectos econômicos e funcionais. Tratava-se, assim, de um estudo que antecipava, em certa medida, os trabalhos que seriam realizados pela geografia a partir dos anos 1960, conforme se verá no próximo capítulo, mas que foi muito pouco desenvolvido até esse período. A elaboração de monografias regionais descritivas, sem a intenção de produzir teorias gerais ou mesmo a preocupação de discutir explicitamente os conceitos e os critérios de divisão regional utilizados, foi a mais influente forma de se "fazer geografia" que derivou da obra de La Blache, em detrimento da diversidade de concepções com as quais esse autor trabalhou.

Daí a importância do esforço de Hartshorne para conferir rigor metodológico à geografia, partindo da proposta de Hettner de tomar a diferenciação de áreas como objeto de estudo dessa disciplina. Ao contrário das outras duas vertentes, esta última não vê a questão das relações homem-natureza como central, pois retoma a perspectiva, já presente em Humboldt e Ritter, de estudar as relações espaciais. No âmbito da geografia geral, isso se dá pelo estudo tópico de padrões de distribuição de elementos estreitamente relacionados ou de fenômenos que, de certo modo, conectam pontos diferentes da crosta terrestre. Na escala regional, a síntese geográfica é mais plena, pois diz respeito à integração de múltiplos elementos, a qual define um caráter único para cada área. Essa perspectiva converge com a vertente lablacheana na valorização dos estudos que ressaltam o caráter único dos lugares e na ideia de que a especificidade da geografia está no seu método ou ponto de vista integrador, e não na exclusividade do seu objeto.

Cada uma dessas correntes representou uma forma específica de integração dos quatro ramos principais da geografia, que são o físico, o humano, o geral e o regional. Em Ratzel e La Blache, a influência romântica ainda se manifesta na definição do objeto de estudo, a qual se baseia na afirmação de que há uma unidade fundamental de todos os fenômenos acessível ao conhecimento humano. Já Hartshorne, em consonância com as exigências de rigor de seu tempo, faz uma proposta de integração que é racionalista porque, em vez de apelar para a noção de *organismo* ou de *todo*, flexibiliza a síntese geográfica, que seria feita por combinações variadas das abordagens nomotética e idiográfica. Nessa perspectiva, as "regiões" são apenas criações da mente do pesquisador, que se vale de critérios subjetivos e arbitrários (mas de modo algum aleatórios, e muito menos irrefletidos) para construir representações aproximadas da integração de fenômenos na crosta terrestre.

Vemos, assim, que a geografia tradicional estava longe de ser um corpo homogêneo de ideias. Embora suas diversas vertentes manifestassem uma identidade estabelecida por alguns pressupostos em comum, como o de que a geografia é uma ciência de síntese, os caminhos epistemológicos pelos quais se procurou validá-los foram muito além do positivismo, abrangendo um repertório bastante eclético de ideias científicas e filosóficas.

Talvez seja essa diversidade de temas e de influências epistemológicas que explique a atualidade de Ratzel e La Blache, independentemente da concordância ou discordância que possamos ter dos trabalhos que trilham caminhos explorados inicialmente por esses autores.

Com efeito, a proposta de estudar as influências da natureza sobre a história continuou a ser desenvolvida por historiadores e arqueólogos de diversos países, embora sem o objetivo de produzir teorias gerais. No *Atlas da história do mundo*, editado por Geoffrey Barraclough, por exemplo, lemos que "sociedades complexas surgiram da necessidade de organização para controlar populações sustentadas por sistemas agrícolas das baixadas férteis", sendo que as primeiras civilizações tiveram origem justamente nas bacias dos rios Tigre-Eufrates, Nilo, Amarelo e Indus (Barraclough, 1995, p. 52). Vários outros exemplos desse tipo de leitura das relações homem-natureza podem ser encontrados nesse livro, como na comparação entre as sociedades pré-colombianas, segundo a qual "o ambiente andino tornou o Império Inca diferente" do Asteca (Barraclough, 1995, p. 144).

Podemos ainda citar os estudos que vêm sendo realizados sob o rótulo de *história ambiental*, dentre os quais se destacam os de Jared Diamond. Esse autor tem ph.D. em fisiologia e biofísica e é atualmente professor de Geografia e Ciências de Saúde Ambiental na Universidade da Califórnia. No seu caso, o objetivo é estudar a história das civilizações para explicar o sucesso ou fracasso de cada uma delas como resultado das inter-relações de vários fatores. Ele recusa a ideia de que trabalhe com o determinismo ambiental, mas responde à questão de saber por que alguns povos enriquecem e outros não, dizendo: "a localização geográfica é o fator principal. Povos da Ásia e da Europa destacaram-se porque estavam bem posicionados para desenvolver agricultura e tecnologia" (Diamond, 2001).

Na geografia, porém, as principais vias de revalorização dos trabalhos de Ratzel se abriram com o resgate da geografia política e da geografia cultural ocorrido nas últimas décadas e em algumas análises recentes sobre os movimentos ambientalistas. Aliás, é interessante observar como a importância atribuída à cultura nos estudos da geografia tradicional acerca da relação homem-natureza manteve o interesse por essa corrente. Nos anos 1970, os trabalhos de La Blache e de seus seguidores sobre os gêneros de vida e as regiões francesas foram valorizados e renovados por novas perspectivas epistemológicas, como veremos no capítulo 4. Além disso, o projeto de "geografia universal" vem tendo continuidade com o estudo das estruturas que conformam os territórios. Essa tarefa vem sendo desempenhada pelo Grupo de Estudos Reclus, com o método da modelização gráfica, pelo qual já se produziram pesquisas que cobrem os cinco continentes (Carvalho, 1997; Martins, 1994; Raffestin, 1993).

Mas, embora diversos temas e conceitos da geografia tradicional continuem guardando interesse para os pesquisadores atuais, é claro que essa corrente cedeu lugar a outras quando se abandonou a ideia de que a contribuição original da geografia ao conhecimento científico estaria em ser uma ciência de síntese. Na segunda metade do século XX, com efeito, esse projeto foi substituído por outros que, mesmo sem abandonarem totalmente o estudo das relações sociedade-natureza, passaram a se ocupar de novos objetos e a estudá-los com base em referenciais epistemológicos historicamente pouco valorizados pelos geógrafos. No próximo capítulo, vamos falar sobre a crise da geografia tradicional e a ruptura representada pelo advento da chamada *geografia quantitativa*.

Síntese

A geografia tradicional tinha como elemento de identidade mais importante o objetivo de ser uma ciência de síntese ou de contato entre as disciplinas da natureza e da sociedade. Seus temas de pesquisa principais eram as relações homem-natureza, a distribuição de elementos físicos e humanos na superfície da Terra e as formas de integração entre esses elementos (as quais mudam de uma área para outra). Pelo menos três vertentes se constituíram no estudo desses temas, que figuravam o **determinismo ambiental**, o **possibilismo** e a **abordagem da diferenciação de áreas**. Cada vertente constituía uma proposta distinta de realização da síntese geográfica, mas aquela que se fez predominante na primeira metade do século XX foi o **estudo regional**, especialmente em sua versão possibilista. Devido à dificuldade de estabelecer leis gerais pelo estudo da relação homem-meio, a escala regional passou a ser vista como aquela em que melhor se realiza a síntese geográfica. Assim, as fontes científicas e filosóficas que informaram esse conjunto de propostas eram bastante variadas, pois incluíam, entre outras, o positivismo de Augusto Comte, as "filosofias evolucionistas", o romantismo e as escolas neokantianas.

Indicações culturais

CUNHA, E. da. **Os sertões**. 9. ed. Rio de Janeiro: Record, 2007.

> *O livro oferece, além do seu valor literário, uma visão interessante sobre a forma como as relações entre cultura, raça e ambiente eram analisadas pelos intelectuais do final do século XIX e início do século XX que tinham por objetivo explicar os problemas sociais brasileiros.*

Atividades de Autoavaliação

1. A questão dos limites e possibilidades do modelo de ciência normativo está presente em todas as tendências da geografia tradicional. Qual das afirmativas abaixo expressa corretamente as formas pelas quais essa questão foi equacionada em cada corrente?

a) A antropogeografia de Ratzel consistiu numa proposta original de aplicação das ideias evolucionistas ao estudo da relação homem-natureza.

b) A corrente possibilista substituiu o determinismo ambiental por ter eliminado as ambiguidades até então reinantes no estudo da relação homem-meio.

c) A epistemologia de Hartshorne é regionalista, pois propõe a afirmação do valor intrínseco daquilo que é único em lugar da formulação de teorias geográficas gerais.

d) A proposta de Hettner se baseia na metafísica do neokantismo para valorizar o estudo idiográfico das personalidades regionais.

2. A geografia tradicional estava longe de ser um corpo de ideias homogêneo, embora houvesse alguns pressupostos comuns às suas várias tendências. Assinale a afirmação que explica corretamente algumas das diversas polêmicas travadas no período:

a) A geografia política de Ratzel foi a primeira proposta de estudo geográfico na qual as concepções românticas não tiveram influência.

b) O possibilismo se diferencia do determinismo ambiental por abandonar as teorias evolucionistas e o estudo descritivo dos lugares em favor da pesquisa histórica do homem.

c) Hartshorne diz que não existem pesquisas geográficas propriamente gerais ou regionais, pois é na combinação das duas abordagens que reside o ponto de vista corológico.

d) A diferenciação de áreas rompe com a visão de Humboldt de formular leis pelo estudo das relações espaciais, pois privilegiava o estudo regional.

3. A definição do objeto de estudo é inseparável da elaboração de métodos adequados para produzir conhecimentos científicos sobre ele.

A respeito da relação entre objeto e método de estudo na geografia tradicional, assinale a afirmativa verdadeira:

a) O estudo regional se firmou como o mais adequado para resolver a questão das dualidades por se referir a um objeto concreto, que é a região.

b) As três correntes da geografia tradicional constituíram modos de aplicação do positivismo ao estudo da crosta terrestre, sendo esta concebida como o objeto exclusivo de estudo geográfico.

c) A diferenciação de áreas valoriza os estudos tópicos para a elaboração de leis gerais, pois esses são mais rigorosos que as sínteses regionais.

d) O sistema kantiano de classificação das ciências foi fundamental para a proposta de que a diferenciação de áreas é o objeto da geografia.

4. A geografia tradicional se inspirou nas principais orientações epistemológicas de sua época para realizar o projeto da ciência de síntese. Assinale a alternativa que informa corretamente acerca da influência dessas epistemologias sobre os geógrafos:

I. Embora influenciados pelo evolucionismo, os geógrafos rejeitavam a visão de que grupos humanos num mesmo estágio evolutivo deveriam ter características similares.

II. O positivismo influenciou a geografia tradicional porque a concepção de ciência de síntese se ajustava bem aos princípios positivistas.

III. A visão de que as regiões-síntese são entidades concretas cuja descrição deve ser maleável como a superfície terrestre manifesta a dualidade racionalismo/romantismo.

a) Somente as afirmações II e III são verdadeiras.
b) Somente a afirmação III é verdadeira.
c) Somente as afirmações I e III são verdadeiras.
d) Somente a afirmação I é verdadeira.

5. As relações homem-meio e a divisão do espaço em regiões são dois elementos essenciais dos trabalhos inspirados pela geografia tradicional. Assinale a alternativa que explica corretamente como esses objetivos foram desenvolvidos em cada tendência dessa corrente:
   I. A heterogeneidade dos critérios usados por La Blache para dividir o espaço em regiões era coerente com a sua visão de que a síntese geográfica deve ser maleável como seu próprio objeto.
   II. A antropogeografia fez do homem o objeto das pesquisas geográficas, pois estabeleceu que os elementos da natureza estudados pelo geógrafo são aqueles que explicam as diferenças políticas entre as sociedades.
   III. A proposta de estudo da diferenciação de áreas feita por Hartshorne visava um rigor metodológico maior que o encontrado nas monografias regionais.
   a) Somente as afirmações I e II são verdadeiras.
   b) Somente as afirmações I e III são verdadeiras.
   c) Somente a afirmação III é verdadeira.
   d) Somente as afirmações II e III são verdadeiras.

Atividades de Aprendizagem

Questões para Reflexão

1. Por que a biologia constituiu um importante paradigma para as ciências do homem no século XIX?
2. O "determinismo geográfico" é a "teoria criada pelo pesquisador alemão Friedrich Ratzel em 1882, segundo a qual o ambiente define o comportamento do homem" (Diamond, 2001). Essa afirmação é correta ou falsa? Justifique.
3. Quais eram as diferenças entre os conceitos de *região* de Vidal de La Blache e de Richard Hartshorne?

Atividades Aplicadas: Prática

1. Uma ideia muito cara à geografia tradicional é a de que a observação da paisagem constitui um método essencial para a pesquisa e o ensino da Geografia. O raciocínio em que se baseia esse pensamento é o de que o geógrafo, por ter uma série de conhecimentos sobre a sociedade e a natureza, possui um ponto de vista integrador sobre os fenômenos, o que lhe permite extrair conhecimentos novos das observações de campo.

Os professores de Geografia da atualidade, embora inspirados principalmente pelas ideias da geografia crítica, conforme veremos no capítulo 4, mantêm essa visão valorativa do trabalho de campo como método de ensino. Mas esse tipo de trabalho tem sido usado muitas vezes apenas para colocar o aluno em contato com situações agudas de pobreza e/ou de descaso com a natureza, de modo a produzir mudanças de valores e de atitudes em relação aos problemas sociais e ambientais, deixando-se de lado o conhecimento das relações entre elementos naturais e/ou sociais.

Na verdade, o planejamento do trabalho de campo e a preparação prévia dos alunos é muito importante para que essa atividade possa realmente aguçar o senso de observação e a capacidade de fazer relações. Portanto, propomos como atividade que o professor organize um trabalho de campo com seus alunos seguindo as etapas abaixo:

1. Defina o tema que será tratado segundo o objetivo de trabalhar relações entre elementos heterogêneos. Esse tema pode ser específico, no sentido de demontrar a relação direta entre alguns fatores estreitamente relacionados ou um tema que envolva relações entre múltiplos elementos.
2. Visite uma ou mais áreas que podem ser interessantes para a realização do trabalho e elabore o roteiro da viagem.

3. Defina as relações que podem ser inferidas nos momentos de observação da paisagem e os conhecimentos necessários para tais inferências.
4. Planeje e ministre uma aula preparatória para o trabalho de campo, a qual deve ter por tema os conhecimentos úteis avaliados na etapa 3.
5. Durante a visita aos locais planejados, procure não fazer discursos expositivos e dê ênfase a perguntas que orientem os alunos a relacionar os conhecimentos que adquiriram previamente com as observações de campo.
6. Após o trabalho de campo, peça aos alunos que se organizem em grupos e elaborem textos e/ou cartazes sobre o que foi visto nas observações.

Sugestão de tema

As políticas de desenvolvimento rural, sobretudo quando combinadas a experiências de agroecologia com turismo rural e outras atividades rurais não agrícolas, são bastante adequadas para o estudo de relações entre elementos heterogêneos. Cidades históricas ou mesmo grandes capitais podem também servir a esse objetivo, desde que haja o cuidado de mostrar aos alunos as relações entre o processo histórico de formação das cidades e as características do meio, além das marcas da história e da cultura na paisagem.

Observações

Frequentemente, os professores pedem que os alunos façam cartazes sobre a aula de campo, mas com preocupação apenas na formação de valores e atitudes, deixando de lado a questão das inter-relações entre elementos. O mais enriquecedor, porém, é quando as atividades cognitivas envolvem tanto a discussão de valores e atitudes quanto a elaboração de raciocínios a partir dos conteúdos estudados em sala.

Especificamente sobre as atividades de campo, é preciso destacar que, para os conhecimentos de geografia física, muitas vezes a observação já é suficiente para perceber uma série de relações; mas, no caso dos temas de geografia humana, é sempre interessante complementar as observações com entrevistas. Somente assim podemos conhecer as relações sociais e a forma como os moradores de um local se relacionam com seu espaço – afinal, a geografia já deixou de ser vista como a ciência dos lugares. Nesse sentido, agendar entrevistas com pessoas dos locais a serem visitados, bem como elaborar um pequeno roteiro de perguntas, fazem parte das atividades da etapa 2. Quando for realizado o trabalho de campo (etapa 5), é interessante que os alunos façam as perguntas.

Capítulo 3

O positivismo lógico ou neopositivismo[1] surgiu nas décadas de 1920 e 1930 como resposta à crise do positivismo clássico, mas foi só a partir dos anos 1950 que esse método se tornou influente nas ciências sociais e também na geografia. Surgiu, assim, a **geografia quantitativa**, que substituiu o estudo das relações homem-natureza materializadas na paisagem pela proposta de que o objeto da geografia é a organização espacial, isto é, os padrões de distribuição de elementos físicos e humanos na superfície terrestre e as relações espaciais.

A organização espacial: promessas e dificuldades da aplicação do neopositivismo ao estudo do espaço

Portanto, a geografia possui um objeto de estudo exclusivo e deve investigá-lo com a mesma metodologia aplicada nas ciências físico-matemáticas. Nesse contexto, as principais características dessa vertente são: maior exigência de rigor na aplicação da metodologia científica; formulação de teorias como objetivo central; uso intensivo de técnicas estatísticas e matemáticas; aplicação da teoria geral de sistemas; elaboração e aplicação de modelos matemáticos. Como o leitor pode ver, tais características trouxeram uma mudança radical na geografia, que os neopositivistas qualificavam como uma verdadeira revolução científica.

3.1 Uma saída para a crise da geografia tradicional

A crise de um paradigma epistemológico não se instala de fato quando os cientistas manifestam insatisfação com os resultados obtidos em suas pesquisas, mas sim quando eles começam a construir um paradigma alternativo que se apresenta como capaz de superar o anterior. A primeira ruptura efetiva com os pressupostos da geografia tradicional surgiu com as formulações inaugurais da geografia quantitativa, também chamada *geografia teorética* (*theoretical geography*) ou *nova geografia*. Embora seja difícil precisar o momento em que essa vertente começa a se definir, seus integrantes costumam considerar que o marco cronológico desse processo é o ano de 1950 (Christofoletti, 1982b, p. 71).

Mas a escola filosófica que deu esteio a essa renovação da geografia, chamada *positivismo lógico* ou *neopositivismo*, teve origem muito antes, pois seus antecedentes remontam aos debates intelectuais ocorridos nas últimas décadas do século XIX. Conforme já comentamos, esse período assistiu ao surgimento de várias reações ao positivismo clássico, e uma delas se manifestou num debate ocorrido entre intelectuais alemães e austríacos a partir de 1880, conhecido como *controvérsia sobre o método* [m]. De um lado, estavam os economistas de visão neoclássica, para quem a economia deve formular leis utilizando métodos dedutivos cujo pressuposto teórico fundamental é o "homem econômico", isto é, a ideia de que os indivíduos atuam motivados pelo interesse de maximizar a satisfação das suas necessidades minimizando o gasto de dinheiro, tempo e/ou trabalho necessários para tanto. De outro lado, estavam os economistas da chamada *nova escola histórica* e alguns filósofos neokantistas. Os primeiros defendiam que a economia não deve se preocupar com a elaboração de leis gerais do desenvolvimento, mas realizar estudos históricos e descritivos para demonstrar que o funcionamento dos mecanismos econômicos é sempre relativo às instituições vigentes em cada país num momento histórico particular. Trata-se, assim, de um historicismo⁽ᵐ⁾ similar à concepção dos neokantistas, os quais sustentavam que a ideia de causalidade não se aplica aos fenômenos sociais e que, por essa razão, a vida social não pode ser de fato explicada, mas estudada pela via da compreensão de contextos históricos e culturais singulares.

Assim, nas décadas de 1920 e 1930, um grupo de filósofos e matemáticos conhecido como *Círculo de Viena* reafirmou os princípios do positivismo com base em reflexões que valorizavam a análise lógica e a linguagem matemática como ferramentas de conhecimento. Em vez de afirmar que a elaboração de leis consiste apenas na generalização indutiva de regularidades observáveis, como fazia Comte, o positivismo lógico enfatiza a importância dos procedimentos dedutivos para a construção de modelos de explicação geral, os quais são expressos, na maior parte das vezes, por equações matemáticas. Isso em nada diminui a importância da indução e da observação no trabalho científico, pois a estatística valida a inferência de relações causais a partir de certo número de observações, enquanto os dados empíricos são essenciais para testar a eficácia explicativa dos modelos. Com essas proposições (apresentadas aqui de forma extremamente simplificada), o positivismo lógico sustenta o princípio de que a observação empírica é a única fonte de conhecimentos científicos, além de renovar os argumentos em favor do princípio da unidade do método na medida em que as ciências sociais poderiam elaborar teorias objetivas e de validade geral mediante a formulação de modelos quantitativamente testáveis.

Apesar da sofisticação das reflexões lógicas e filosóficas com as quais os estudiosos do Círculo de Viena procuraram fundamentar a validade universal do método científico, foi somente após a Segunda Grande Guerra (1939-1945) que suas propostas alcançaram uma aceitação ampla nas ciências sociais. O mesmo aconteceu com a geografia humana, visto que a assimilação desse paradigma foi bastante favorecida (se não determinada) pela crescente inadequação das concepções clássicas da geografia à dinâmica do capitalismo industrial. O conceito lablacheano de *região*, que valorizava os aspectos históricos e culturais materializados na paisagem, mostrava-se anacrônico diante da velocidade dos processos de industrialização e urbanização, sobretudo no período do pós-guerra. Ao mesmo tempo, o interesse pela explicação científica da diferenciação de áreas, com base no estudo das interações entre elementos heterogêneos, declinava diante da importância cada vez maior que os processos sociais e econômicos passavam a desempenhar como agentes de organização do espaço, criando e reproduzindo padrões que negavam a ênfase tradicional na singularidade dos lugares.

A pertinência da epistemologia neopositivista como via para superar essas dificuldades foi bem demonstrada por Fred Kurt Schaefer (1904--1953), num artigo intitulado *O excepcionalismo na geografia*, publicado em 1953. Nesse importante trabalho, ele contesta as "reivindicações exorbitantes" dos autores que atribuem à geografia a condição de "ciência integradora única, com uma singular metodologia própria" (Schaefer, 1977, p. 6-7). Essa crítica atribui diretamente à influência da proposta kantiana de classificação das ciências, retomada por Hettner e Hartshorne, a responsabilidade pela visão de que a geografia não se distingue por ter um objeto próprio, mas pela particularidade do seu ponto de vista. Sua proposta é que essa disciplina deveria se dedicar ao estudo dos padrões de distribuição de elementos físicos e humanos na superfície terrestre, os quais seriam regidos por uma lógica expressa em regularidades estatisticamente constatáveis, que são a base para a formulação de leis. Em contrapartida, a investigação dos processos históricos que deram origem a tais padrões, por si só, nada revelaria acerca dos mesmos; bem ao contrário, pois, estando o interesse do geógrafo voltado para aspectos eminentemente "morfológicos", pode-se concluir que "as leis puramente geográficas não fazem referência ao tempo nem às mudanças" (Schaefer, 1977, p. 29).

Por privilegiar a descoberta de leis gerais, esse autor refuta a afirmação de que haveria uma dicotomia entre geografia sistemática e geografia regional, ou que a especificidade dessa disciplina estaria na combinação desses dois *approaches*, como queria Hartshorne. Schaefer entende que a geografia regional constitui o campo de aplicação das leis descobertas no âmbito da geografia sistemática, o que seria simplesmente a expressão, na geografia, de uma característica inerente a qualquer outra ciência, que é a aplicação de leis gerais aos casos particulares. Daí o desacerto de qualquer juízo que atribua uma condição de superioridade a algum desses ramos da geografia, já que os trabalhos teóricos e descritivos (no caso, sistemáticos e regionais) são complementares e mutuamente enriquecedores, exatamente como em todas as áreas do conhecimento científico (Schaefer, 1977, p. 11). Por conseguinte, a particularidade da geografia no conjunto das ciências não estaria no seu ponto de vista corológico ou na exclusividade dos seus métodos, mas sim no fato de essa disciplina investigar sistematicamente uma categoria específica de fenômenos, isto é, os padrões de distribuição de elementos naturais e humanos e as relações causais que os explicam.

Essas teses de Schaefer são condizentes com a forma pela qual a geografia veio a trabalhar os temas regionais. Essa vertente rejeita a questão relativa à possível objetividade das "regiões", a qual é encarada apenas como um falso problema. Situando a discussão no plano metodológico, ela "considera a região um caso particular de classificação, tal como se procede nas ciências naturais" (Corrêa, 1991, p. 18). As regiões não devem ser vistas como entidades objetivas, portanto, mas como produtos de determinada forma de classificação de áreas que visa permitir a identificação dos padrões de organização do espaço. Toda regionalização deve obedecer, assim, a um propósito preestabelecido, e isso significa que toda divisão do espaço em regiões consiste na aplicação a casos concretos de um referencial teórico explicativo de determinado padrão espacial. Sob tal perspectiva, perde o sentido discutir as relações entre geografia geral e geografia regional, pois os "estudos sistemáticos e de área não se distinguem entre si: mais do que uma complementação, eles são, em última instância, a mesma coisa" (Corrêa, 1991, p. 40).

A redefinição do objeto geográfico também teve implicações importantes no que diz respeito às relações entre geografia física e geografia humana. Quando se aplica a proposta feita por Schaefer de pesquisar as "leis da morfologia espacial" à geografia física, esta pode se restringir à explicação da lógica que determina os padrões de formas encontrados na natureza, como vemos no caso das bacias de drenagem, por exemplo, ou da distribuição espacial dos elementos naturais. Esse escopo temático é relevante, sem dúvida, mas deixa de lado inúmeros outros processos e relações entre elementos naturais. Assim, os geógrafos físicos conseguem abranger um leque mais amplo de fenômenos naturais com a aplicação da teoria geral de sistemas no estudo das relações entre grandes conjuntos de elementos da natureza. O recurso a esse modelo teórico trouxe avanços importantes para a geografia física, mas contribuiu para aprofundar suas diferenças em relação à geografia humana.

Com efeito, a teoria de sistemas foi desenvolvida nos Estados Unidos no final dos anos 1920, e seu princípio fundamental é o de que os fenômenos podem ser entendidos como sistemas, ou seja, como conjuntos de elementos diferenciados e nos quais cada elemento desempenha uma função específica e, ao mesmo tempo, complementar às funções dos demais. Em 1937, essa teoria serviu de base para a formulação do conceito de *ecossistema*, que se tornou central nas pesquisas sobre ecologia por permitir uma abordagem integrada e metódica das relações dos seres vivos entre si e com o ambiente. Esse conceito começou a ser aplicado em algumas pesquisas de geomorfologia já nos anos 1940, mas foi na fase de desenvolvimento da geografia quantitativa, dos anos 1960 em diante, que ele passou a influenciar mais intensamente a geografia física como um todo. O resultado disso foi que as abordagens que procuravam inserir efetivamente a ação antrópica no estudo de fenômenos naturais se enfraqueceram em certa medida, o que levou a "um acirramento do caráter de ciência da natureza da geografia física, tão propalado por alguns segmentos científicos" (Mendonça, 1989, p. 45). Por outro lado, embora tenham sido produzidos trabalhos bastante interessantes de aplicação da teoria de sistemas na geografia urbana e na geografia agrária, principalmente nas décadas de 1960 e 1970 (Berry, 1975; Gerardi, 1974), houve, depois disso, um declínio muito forte do interesse por tal método nessas áreas. Em boa parte, isso ocorreu devido às refutações radicais da geografia crítica ao neopositivismo, como o leitor verá no próximo capítulo, mas também a algumas dificuldades intrínsecas à aplicação da teoria de sistemas na explicação dos fenômenos sociais. Ao contrário do que acontece com os sistemas naturais, em que as relações entre os elementos são materializadas por fluxos de matéria e energia identificáveis e mensuráveis, os sistemas sociais apresentam propriedades difíceis de tratar, tanto em termos teóricos quanto empíricos:

"Os fatos da natureza não podem ser modificados pela ação e constituem para esta última, condições absolutas. Os fatos da atividade humana podem ser modificados pela ação e, portanto, são com respeito a ela, condições relativas."

Ao passar para as ciências humanas os sistemas criados são ainda menos precisos em sua formulação; os elementos, menos identificáveis, a noção, menos quantitativa. Nos sistemas conceituais o inter-relacionamento não é físico, mas epistemológico, somente sendo comunicado pelo nosso enfoque. (Navarra, 1973, p. 12)

As diferenças entre os dois ramos se ampliaram, também, pelo fato de que outras propostas teórico-metodológicas que passaram a ser empregadas pelos geógrafos sob influência do neopositivismo representaram uma importante inversão de perspectiva para a geografia humana, pois colocavam o homem no centro das análises. Na fase clássica da geografia, o comportamento humano era abordado principalmente nas monografias regionais e, mesmo assim, numa ótica descritiva e intuitiva, pois se tratava de mostrar como os hábitos e costumes que compunham os gêneros de vida atuavam na conformação das paisagens. Nos trabalhos pertinentes a espaços mais amplos a referência aos comportamentos desaparecia completamente, pois a síntese geográfica se expressava no mapeamento da distribuição populacional e das atividades econômicas. Já sob a ótica da geografia quantitativa, que postula a elaboração de teorias gerais como objetivo maior de qualquer ciência, o estudo do comportamento humano é essencial para explicar a lógica que rege a organização do espaço (Claval, 1982a). Os geógrafos foram, assim, levados a se aproximar dos trabalhos produzidos por psicólogos e antropólogos sobre a dimensão subjetiva da relação do homem com o espaço, bem como dos estudos elaborados pelos sociólogos que trabalham com a perspectiva neopositivista e pelos economistas da escola neoclássica. É nesse sentido que, segundo Claval, citado por Gomes (2003, p. 46), os anos 1950 teriam marcado o momento da conversão da geografia em ciência social.

No âmbito da geografia social e da geografia econômica, tal mudança de perspectiva levou os geógrafos a atribuir grande importância ao conceito de *espaço relacional* e ao levantamento de informações empíricas e quantificáveis. O intuito aqui é formular teorias explicativas dos padrões e relações espaciais baseadas na lógica do comportamento dos agentes econômicos e sociais, sendo que a eficácia dessas teorias poderia ser avaliada com base no mapeamento e quantificação dos deslocamentos de pessoas, mercadorias e informações, conforme sintetiza Paul Claval (1982a, p. 21):

> *O homem é colocado no centro da reflexão. Desloca-se; gera ou recebe fluxos de bens ou de informações. Descobre o espaço e valoriza-o. Organiza-o para o dominar.*

O método básico desta pesquisa é muito simples nos seus princípios: trata-se de anotar a maneira como os homens empregam o seu tempo e utilizam o espaço, estabelecer um orçamento espaço-tempo, como os sociólogos, mas acentuando [...] mais o espaço.

O exemplo clássico desse tipo de análise são os trabalhos do geógrafo Torsten Hägerstrand (1916-2004) sobre a extensão e duração dos deslocamentos, paradas e interações das pessoas em suas vidas cotidianas, com dados recolhidos pela aplicação de questionários. Esse tipo de estudo se aproxima de alguns trabalhos realizados por sociólogos na medida em que permite conhecer os condicionantes sociais do acesso a determinados espaços, tais como barreiras institucionais e econômicas criadas por proibições e cobrança de taxas ou ainda pelos custos dos transportes em relação ao poder aquisitivo de cada grupo social. Por outro lado, aproxima-se também das pesquisas em economia espacial, pois inclui as atividades de transformação da natureza para a obtenção de recursos, bem como a localização e os fluxos de mercadorias, pessoas e informações gerados por todas as atividades de produção e distribuição de bens e de serviços.

Na verdade, foi no âmbito da geografia econômica que as propostas da geografia quantitativa tiveram influência mais ampla, direcionando-a para o estudo de uma série de regularidades ou padrões de organização do espaço delineados a partir dos comportamentos de mercado (Barros, 1993, p. 65-81). Mas quando a geografia decidiu explorar esse novo horizonte de pesquisa, a economia já havia acumulado uma longa tradição de estudos sobre o espaço compatíveis com os pressupostos do positivismo lógico, a qual remonta ao período da *controvérsia sobre o método*. Por isso, a transformação da geografia econômica não se deu apenas pela aplicação direta de uma epistemologia neopositivista nesse ramo da disciplina, mas, principalmente, pela assimilação de modelos e teorias produzidas, na sua maior parte, por economistas. Para entender como e por que ocorreu essa convergência entre a geografia e a economia, bem como o estado atual dos debates sobre a dicotomia entre os estudos baseados na modelagem dos processos econômicos e aqueles que valorizam as abordagens históricas, é preciso fazer uma discussão específica sobre a trajetória da geografia econômica, tal como segue.

3.2 Construção de modelos ou abordagens históricas

A economia espacial surgiu como um ramo específico da ciência econômica, tendo por objeto de estudo os padrões de localização das atividades econômicas no espaço. Os modelos matemáticos elaborados por autores como Johann H. von Thünen (1783-1850), entre o século XIX e a primeira metade do século passado, estiveram na origem dessa perspectiva, fixando o procedimento básico a ser seguido para a explicação dessas distribuições. A análise do desenvolvimento econômico em escala regional só viria a aparecer efetivamente a partir dos anos 1930 e com base em preocupações que, de início, não eram especificamente espaciais; tratava-se, na verdade, de uma combinação de teorias macroeconômicas de determinação da renda com a teoria do comércio internacional, sendo que, sob esse prisma, as regiões eram pensadas como unidades homogêneas, totalmente abstratas e de dimensões indefinidas – a rigor, os modelos as definiam como se fossem *pontos* no espaço (Richardson, 1981, p. 409).

Formaram-se, nesse período, duas maneiras bem distintas de abordar as questões regionais, que são a da modelagem dos padrões de localização das atividades econômicas e/ou dos determinantes do desenvolvimento regional, pertinente à economia espacial, e a do estudo das regiões como sínteses de elementos físicos e humanos, adotada pela geografia tradicional. Ambas se desenvolveram separadamente ao longo da primeira metade do século passado devido às diferenças inconciliáveis quanto às concepções de objeto de estudo e de métodos de investigação vigentes nessas duas ciências.

Entretanto, houve um processo paulatino de aceitação, por parte dos geógrafos, da necessidade de considerar a primazia dos processos econômicos e sociais na organização do espaço, o que os levou a se aproximarem da perspectiva das teorias de localização com que trabalhavam os economistas. Nas décadas de 1930 e 1940, essa aproximação foi realizada pelas iniciativas isoladas de geógrafos como Walter Christaller, que elaborou um modelo matemático para a explicação das redes urbanas até hoje em uso, e Léo Waibel, que aplicou a teoria de localização de atividades agrícolas de von Thünen em alguns de seus trabalhos de geografia agrária. Entretanto, tais iniciativas não lograram superar o predomínio das concepções clássicas na geografia, até pelo fato de que não era essa a intenção desses autores, que utilizavam modelos como instrumentos auxiliares para o entendimento de certos padrões espaciais.

Apesar disso, a colaboração entre geógrafos e economistas junto aos órgãos de planejamento regional, no período posterior à crise de 1929, contribuiu para favorecer a aceitação de métodos e procedimentos da ciência econômica como instrumentos utilizáveis pela geografia. Finalmente, a grande atenção dispensada à questão do desenvolvimento econômico, mercê das crescentes disparidades verificadas entre países e entre regiões nos trinta anos que se seguiram à Segunda Guerra, fez aumentar o interesse dos economistas pela problemática espacial, criando um clima propício para a aproximação entre eles e os geógrafos insatisfeitos com as concepções ainda dominantes em sua disciplina (Capel, 1989, p. 107-116).

O grande marco da valorização da temática urbana e regional por parte dos economistas foi o surgimento da chamada *ciência regional*, na década de 1950. Na verdade, foi somente no início dessa década que começou a surgir um interesse efetivo dos economistas pelas questões ligadas ao espaço, visto que, até então, os estudos relativos às teorias de localização e à problemática do desenvolvimento regional ocupavam uma posição pouco relevante entre esses profissionais (Richardson, 1981, p. 15). Assim, dando continuidade à tradição de pensamento racionalista que remonta à origem da escola neoclássica de economia, a ciência regional continuou a representar o espaço terrestre e as estruturas produtivas regionais por meio de planos abstratos e "pontos", de maneira a permitir a modelagem das decisões locacionais dos agentes econômicos privados, bem como as matrizes de relações intersetoriais dentro de uma economia nacional hipotética. De um lado, as noções de espaço plano e ponto serviam para introduzir nas análises a questão dos custos de transporte e os efeitos das relações intersetoriais do ponto de vista do estímulo e propagação do crescimento, bem como na determinação dos fluxos migratórios. De outro lado, as premissas essenciais da economia neoclássica[m] continuaram a ser empregadas (sobretudo nos modelos de localização) como forma de estabelecer uma linha de coerência e previsibilidade ao comportamento dos agentes, pautado pelo interesse de maximização de seus ganhos.

Assim, o grande interesse despertado pelas questões espaciais, a partir da década de 1950, provocou uma significativa convergência entre as perspectivas da geografia econômica e da economia espacial, fazendo, assim, com que os procedimentos e as linguagens se tornassem também muito próximos. Mas é interessante observar que, embora esse período tenha trazido grandes esperanças quanto ao futuro dos trabalhos baseados na construção de modelos de localização e de desenvolvimento regional, as décadas seguintes acabaram por não confirmá-las do modo como se previa inicialmente. A geografia quantitativa, depois de ter atingido o auge da sua influência nos anos 1960, veio a sofrer fortes contestações por parte de geógrafos inspirados em outras matrizes teóricas (em especial, o marxismo[m]), os quais contestaram um dos postulados centrais dessa corrente, que era a ênfase nos aspectos puramente morfológicos do espaço.

> Acima de tudo, a Nova Geografia se definiu como ciência do espacial. O reinado do espacial se consagrou. O interesse pelas particularidades se colocou em último plano, interessando mais as regularidades espaciais. Mas, o reino do espacial foi abalado pela crítica de que não há processos espaciais sem um conteúdo social e que não há causas e processos puramente espaciais. Cada vez mais começou a se desenvolver e a se afirmar a ideia de que o espaço é uma construção social e que para se entender a Geografia tem que se entender a sociedade. (Lencioni, 1997, p. 177)

Talvez essa crítica não seja de todo pertinente na medida em que, como visto, a vertente neopositivista precisava analisar a lógica dos comportamentos humanos para formular teorias explicativas dos padrões de organização espacial. Mas é correto que geógrafos como Schaefer afirmavam que, ao estudar a dimensão espacial da organização política, por exemplo, caberia ao geógrafo teorizar apenas a lógica dos comportamentos políticos que explicam a morfologia espacial, deixando a explicação da política em si mesma a cargo dos cientistas políticos. Nesse sentido, a geografia quantitativa não ignorava a importância de estudar a sociedade para explicar a organização do espaço, mas restringia o campo de estudo da geografia apenas aos aspectos do comportamento humano que explicam a morfologia espacial, sem pretender explicar a sociedade pelo estudo do espaço.

No que diz respeito à economia espacial, o grande problema estava na dificuldade de se formular modelos sobre a dimensão espacial da economia que fossem tão rigorosos como aqueles usados para o estudo de outros temas econômicos. Sobre essa questão, o economista Paul Krugman, embora reconhecendo a limitação dos modelos até agora criados (incluindo os seus próprios), reafirma que a cientificidade da economia espacial depende de avançar na modelagem dos processos econômicos que possuem expressão espacial, insistindo mesmo que é na construção de modelos explicativos que reside a contribuição maior da economia como ciência (Krugman, 1994, p. 4). Tal postura pode causar surpresa à primeira vista, já que uma das inovações mais marcantes ocorridas na teoria econômica durante a década de 1980 foi justamente a valorização da história como elemento explicativo do funcionamento da economia, conforme o próprio Krugman destaca em seus trabalhos. Ocorre que, para esse autor, embora o processo de desenvolvimento seja permeado pela história e até mesmo pelo "acaso" (especialmente quando estudado na escala regional), a modelagem dos fenômenos sociais continua sendo o melhor método disponível para a construção de explicações claras e coerentes sobre a lógica que rege tais fenômenos.

Dentre as justificativas que o autor apresenta para essa tese, há duas que são essenciais. A primeira delas é a de que, embora os modelos matemáticos sejam realmente criticáveis pelo irrealismo e excessiva abstração de suas premissas, tais limitações derivam da necessidade inevitável de tomar simulações simplificadas da realidade como base para a construção de modelos cada vez mais completos e plausíveis nos detalhes, bem como para que se possa alcançar níveis mais altos de entendimento sobre os fenômenos tratados – inclusive pelo fato de que tais modelos, mesmo os mais simples, sugerem ideias às quais não se poderia chegar a não ser por meio deles. A segunda justificativa é a de que, em verdade, todos os cientistas sociais são obrigados a trabalhar com simplificações da realidade no intuito de gerar explicações claras e razoavelmente generalizáveis para os fenômenos que analisam, até mesmo aqueles que se recusam a construir modelos matemáticos. A diferença é que alguns seriam capazes de admitir que estão partindo de modelos estilizados e, de certo modo, simplificadores, como meio para fazer avançar o conhecimento teórico dos fenômenos, enquanto aqueles que se recusam a admitir que procedem de forma semelhante fariam uso de exposições puramente verbais para criar a falsa aparência de que suas teorias são de fato completas e eficazes – ou até para ocultar os pontos obscuros dessas teorias (Krugman, 1995, p. 15, 79-81).

Em outros termos, Krugman argumenta que é impossível fugir da construção de versões simplificadas da realidade para avançar na explicação dos fenômenos sociais, de maneira que, enquanto alguns trabalham explicitamente com a construção de modelos, outros procuram em vão por alternativas, pois as explicações a que conseguem chegar derivam apenas da construção de "metáforas" inseridas em exposições discursivas (Krugman, 1995, p. 79).

Diante disso, o que dizer das teses defendidas por esse autor? Bem, não há como negar que os modelos utilizados por economistas e geógrafos são efetivamente capazes de ilustrar regularidades estatisticamente observáveis, bem como a existência de uma relação entre tais regularidades e a lógica das decisões privadas com orientação para a maximização dos ganhos. O que cabe realmente questionar é o potencial de generalização desses modelos e a capacidade de explicar tais regularidades segundo os critérios de rigor científico que os próprios modelos pressupõem, sem falar na forma como tais modelos, em maior ou menor grau, acabam por minimizar a historicidade do processo de desenvolvimento, sobretudo quando examinado em diferentes escalas geográficas.

Mas é claro que, como o próprio Krugman argumenta, as limitações dos modelos podem muito bem ser atribuídas a uma característica inerente ao processo de construção do conhecimento científico, que parte sempre de simulações bastante estilizadas da realidade para chegar, a longo prazo, a modelos eficazes. Quanto a isso, não há muito que questionar. Na verdade, esse tipo de argumento conduz ao esvaziamento da própria discussão, já que tudo se resume a uma afirmação de confiança no futuro dos esforços empreendidos para o aperfeiçoamento dos modelos, confiança cujo acerto ou desacerto simplesmente não pode ser assegurado de antemão.

O máximo que pode ser feito para dar credibilidade à alternativa otimista é buscar exemplos que a confirmem em outros campos do conhecimento, de maneira a sugerir que, assim como os modelos elaborados por algumas ciências naturais evoluem em termos de plausibilidade e detalhamento ao longo dos anos, o mesmo deve acontecer com qualquer disciplina social que se dedique à modelagem. É exatamente essa a intenção de Krugman (1995, p. 70-71), quando faz alusão aos modelos matemáticos aplicados pelos climatólogos no estudo da dinâmica das massas de ar, que evoluíram de uma simplicidade extrema para formas bastante detalhadas e complexas. A rigor, tais ideias são as mesmas elaboradas por Fred Schaefer há mais de meio século, mas com a diferença crucial de que este último, embora igualmente confiante no futuro dos trabalhos de modelagem, mostrava-se consciente da impossibilidade de afirmar de antemão o sucesso pleno desses trabalhos. Ao se referir às críticas daqueles que contestavam a capacidade das ciências sociais para produzir explicações objetivas com base em modelos, Schaefer (1977, p. 29) afirmou: "conjeturar se as ciências sociais eventualmente atingirão a perfeição das ciências naturais é uma questão de fato. Afirmar que deve ser possível atingirmos esse estágio seria dogmático. Mas qualquer afirmativa em sentido contrário seria igualmente *a priori*".

Tomar exemplos das ciências naturais para justificar a confiança no futuro dos modelos econômicos não faz avançar a discussão, pois a tentativa de reproduzir os parâmetros das ciências exatas e naturais não oferece nenhuma garantia antecipada de sucesso aos trabalhos de modelagem. Muito pelo contrário – a possibilidade de reproduzir tais parâmetros nas ciências da sociedade só pode ser demonstrada na medida em que os modelos criados para explicar os fenômenos sociais mostrem-se eficazes e rigorosos. Ou, dito de outro modo, não é a assimilação dos critérios de cientificidade das ciências naturais que assegura o êxito futuro dos trabalhos de modelagem, pois a própria viabilidade de assimilar tais critérios depende da eficácia dos modelos para ser demonstrada.

O êxito dos trabalhos de modelagem permanece totalmente incerto no âmbito dos estudos sobre a dimensão espacial dos fenômenos sociais, o que torna, portanto, bastante justificável a postura dos intelectuais que propõem adotar critérios de rigor científico diferenciados para essas ciências – contrariamente ao que pensam autores como Krugman e Schaefer –, estabelecendo que o esforço de teorização deve ser empreendido com base numa perspectiva histórica de análise. Apenas citando um exemplo pertinente à discussão, lembremo-nos que é exatamente essa a proposta do economista Albert Hirschman (1976, p. 11) para o estudo do processo de desenvolvimento, inclusive em sua dimensão espacial: substituir as verdades aparentemente indiscutíveis que embasam as premissas adotadas nos modelos por teorias enraizadas na própria história.

Em suma, se as esperanças suscitadas pela abordagem neopositivista do espaço irão se concretizar ou não, somente o tempo o dirá. Enquanto as décadas se arrastam nesse esforço de modelagem, entretanto, há diversos problemas políticos e socioeconômicos associados à relação sociedade-espaço aos quais é preciso dar resposta: conflitos federativos, disparidades de renda manifestas em âmbito pessoal e regional, questões ambientais e urbanas etc. A maioria desses problemas vincula-se diretamente à complexa relação que existe entre o processo de desenvolvimento e sua dimensão espacial, a qual vem sendo referida, há décadas, por economistas e geógrafos das mais variadas tendências.

Foi justamente pela indisposição dos geógrafos da década de 1950 até 1970 de abdicar da noção de *espaço concreto* e da perspectiva histórica de análise que a geografia quantitativa acabou encontrando resistências consideráveis em alguns países. Esse foi particularmente o caso da França, onde as teorias da ciência regional e do marxismo combinaram-se com os métodos clássicos para tornar a geografia apta a investigar temas novos e politizados, além de intervir concretamente na organização do espaço.

3.3 A geografia ativa: renovação dos métodos clássicos para o estudo de temas atuais e politizados

Quando eclodiu a "revolução quantitativista", a ciência da geografia na França era ainda tributária, na sua maior parte, da proposta de estudo regional do *Quadro da geografia da França*, de La Blache. Mas, devido ao contexto intelectual e socioeconômico do pós-guerra, os geógrafos franceses decidiram buscar, em outras disciplinas e em correntes de pensamento que eles pouco haviam trabalhado até ali, os instrumentos para renovar a herança lablacheana sem abrir mão dos seus postulados essenciais. Coincidentemente ou não, o referencial teórico mais usado para a renovação dos estudos geográficos regionais partiu de um economista francês, François Perroux (1903-1987).

Dentro da volumosa bibliografia produzida no âmbito da ciência regional, os trabalhos desse economista figuram, sem dúvida alguma, entre os mais importantes: ele foi o formulador da conhecida *teoria dos polos de crescimento*, a qual exerceu grande influência entre economistas, geógrafos e urbanistas ligados às atividades de planejamento regional e territorial, o que justifica o exame um pouco mais detido de suas ideias.

O ponto de partida dessa teoria é a constatação de que os modelos tradicionais para a explicação do crescimento econômico eram excessivamente abstratos, pois tomavam como pressuposto a invariabilidade da estrutura produtiva ao longo do tempo. Seria necessário, então, considerar as mudanças estruturais trazidas pelo surgimento de novas indústrias e pela propagação do crescimento econômico estimulado por elas, o que obrigaria a introduzir na análise a dimensão espacial dos processos econômicos. Nas palavras de Perroux (1975, p. 100), "o fato, rudimentar mas consistente, é este: o crescimento não surge em toda a parte ao mesmo tempo; manifesta-se com intensidades variáveis, em pontos ou polos de crescimento; propaga-se, segundo vias diferentes e com efeitos finais variáveis, no conjunto da economia".

Os polos de crescimento correspondem, assim, aos espaços onde se concentram indústrias com grande capacidade de propagação do crescimento econômico, denominadas de *indústrias motrizes*, e por um conjunto de outras indústrias encadeadas a elas como fornecedoras, compradoras ou mediante relações de subcontratação (as "indústrias movidas"). Trata-se, portanto, da organização espacial própria de um "complexo de indústrias" que se conforma por meio de relações oligopolistas e na qual a concentração geográfica intensifica o crescimento da atividade econômica na medida em que favorece a troca de experiências via contatos pessoais, possibilita o compartilhamento de infraestruturas e cria um mercado consumidor urbano de perfil diversificado, entre outras vantagens que oferece. Finalmente, um polo industrial geograficamente concentrado teria também a propriedade de difundir o crescimento econômico em seu entorno imediato e, dependendo de sua dinâmica e da rede de transportes em que estivesse inserido, esse efeito de "polarização" poderia alcançar todo o território nacional, sobretudo quando houvesse conexões entre mais de um polo (Perroux, 1975, p. 101-108).

Definido dessa forma, o conceito de *polo de crescimento* pode ser classificado como um conceito de *região do tipo funcional* – embora não fosse essa sua finalidade essencial –, na medida em que pensa a dimensão espacial do desenvolvimento tomando por base uma estrutura de ligações interindustriais. Ele ganha sentido apenas no contexto desse "espaço econômico" totalmente abstrato, ou seja, do espaço concebido como uma matriz de relações definidoras do fenômeno ou objeto que se deseja analisar. Uma fábrica, por exemplo, tem um espaço definido por suas relações com os fornecedores, outro pelas relações com os clientes, outro ainda pelas relações que mantém com empresas nas quais seja parceira em algum tipo de investimento de risco, como uma *joint venture*. Também podemos pensar o espaço dessa fábrica hipotética como o conjunto de todas as suas relações cliente-fornecedor, o que demonstra muito bem o caráter relacional e funcional do conceito de espaço desse autor.

É interessante observar que, à luz das ideias de Hartshorne, o conceito de polo de crescimento, pela sua natureza funcional, poderia ser utilizado como um instrumento técnico preciso para o estudo de diferenciações econômicas regionais e para orientar as atividades de planejamento, pois se abstrai do espaço concreto para realçar relações decisivas para explicar o desenvolvimento e sua dimensão espacial. Mas, apesar dos esforços empreendidos pelos teóricos da polarização para estabelecer um sistema de conceitos capazes de explicar essas questões, é forçoso reconhecer que tais conceitos não chegaram a se tornar instrumentos técnicos precisos para o estudo desses temas ou como base para a intervenção do Estado na organização do espaço. No âmbito do planejamento, a teoria da polarização foi empregada à custa de grande imprecisão terminológica, pois a literatura especializada registra tanto o uso equivocado da expressão *polo de crescimento* como também uma gama de outras expressões utilizadas imprecisamente pelos planejadores como sinônimos daquela, tais como *eixos de desenvolvimento, centros de crescimento, zonas de crescimento* e muitas outras (Righi, 1989).

Ora, isso se deu, em parte, pela própria fragilidade do arcabouço teórico concebido por Perroux, devido à ambiguidade e imprecisão que envolvem conceitos como os de indústria motriz e polo de crescimento, além da noção de polarização do espaço nacional a partir de complexos industriais geograficamente concentrados (Diniz Filho, 2000). Assim, uma conclusão óbvia a extrair da trajetória da teoria dos polos é que a possibilidade de constituir um conceito claro e objetivo de região partindo de um ponto de vista "sistemático", baseado numa teoria explicativa de determinado fenômeno social, depende por isso mesmo da própria consistência lógica e empírica dessa teoria. Mas a conclusão realmente importante é a de que, embora Perroux estivesse interessado em superar a abstração excessiva dos modelos clássicos de crescimento, seus *insights* quanto ao papel das transformações estruturais e aos efeitos propagadores induzidos pelas articulações técnicas e produtivas entre indústrias, ainda que perfeitamente corretos, também não foram suficientes para chegar a uma teoria eficaz. No fundo, a natureza vaga e ambígua dos conceitos utilizados por Perroux espelha tal insuficiência, embora seja de justiça reconhecer que eles faziam muito mais sentido no contexto intelectual em que foram concebidos, quando ainda predominava uma visão de desenvolvimento bem mais restrita que a atual.

Realmente, o desenvolvimento econômico constitui um processo muito mais complexo e difícil de modelar do que se supunha nos anos 1950 e 1960, como vimos na seção anterior. Além disso, o fenômeno da concentração geográfica de atividades inclui bem mais fatores relevantes que aqueles contemplados nos modelos de localização. A teoria da polarização não escapa a essa regra, como vem sendo destacado em toda a bibliografia recente sobre o processo de desenvolvimento e na área dos estudos urbanos e regionais. O reflexo mais eloquente dessa mudança de perspectiva está no fato de que o planejamento regional ou territorial contemporâneo deixou de elaborar planos de desenvolvimento a partir de modelos baseados no pressuposto do espaço abstrato. As novas concepções sobre o desenvolvimento atribuem grande importância à capacidade de mobilização política da sociedade, à preocupação com o meio ambiente e aos aspectos sistêmicos da competitividade das empresas, o que obriga ao delineamento de divisões regionais que incorporem as características concretas do território e a construção de projetos políticos regionais (Diniz Filho, 2000). As novas concepções sobre o desenvolvimento econômico impingiram a revanche do "espaço banal" dos geógrafos, tão criticado por Perroux, sobre o espaço abstrato dos modelos.

A despeito das limitações da teoria dos polos, é fato sua grande repercussão no contexto intelectual do pós-guerra, visível na influência de Perroux sobre diversas disciplinas ou ramos de disciplinas voltadas para o estudo da relação sociedade-espaço, como foi o caso da geografia. Nos anos 1960, essa influência alcançou a própria geografia regional francesa, conforme se notam nos trabalhos de autores como Pierre George e Bernard Kayser. Visando superar a impotência do paradigma lablacheano frente às novas questões impostas pelo capitalismo industrial, esses autores procuraram formular uma abordagem geográfica que fosse capaz de informar as atividades de planejamento voltadas para a organização do espaço, classificadas sob o rótulo de *amenagement du territoire*, que pode ser traduzido por "gestão do território". Em outros termos, eles asseguravam que a renovação epistemológica necessária em face das transformações recentes tinha de passar pela superação do caráter "contemplativo" com que os geógrafos costumavam produzir seus estudos até então, e por isso batizaram a abordagem que se propunham a construir de *geografia ativa*[11].

A assimilação do conceito de espaço como matriz de relações funcionais, dentro da qual se estruturariam certos "polos" com maior densidade de relações, foi um dos principais caminhos pelos quais se procurou cumprir esse objetivo, como se pode notar nos trabalhos de geografia regional elaborados por essa corrente. Kayser, um dos que mais se destacou como estudioso de temas regionais, elaborou um conceito genérico de região que incorporava a noção de *polo* como forma de captar os efeitos da urbanização sobre os padrões de organização do espaço nos países capitalistas avançados, a saber:

> Uma região é, sobre a terra, um espaço preciso, mas não imutável, inscrito em um quadro natural determinado, e que responde a três características essenciais: os laços existentes entre seus habitantes, sua

organização em torno de um centro dotado de certa autonomia, e sua integração funcional em uma economia global. (Kayser, 1968, p. 284)

Ao examinarmos esse enunciado, merece destaque o caráter claramente funcional do conceito, manifesto de duas formas: pelo relevo conferido às relações econômicas, já que isso implica enfatizar a dependência necessária da "região" relativamente a espaços mais amplos, em escala nacional e internacional, e pela inerência da noção de *polo* ao conceito de região, a qual deve ser entendida necessariamente como um espaço de relações organizadas a partir de um centro em que pese o quadro natural em que está fincada.

Na realidade, tal enunciado expressa a preponderância crescente dos processos socioeconômicos na organização do espaço e o modo como a dinâmica industrial e urbana do pós-guerra rompeu com as antigas regionalizações delineadas pelos geógrafos e pelo poder público. Não por acaso, os estudos de regionalização produzidos no âmbito da geografia ativa (sobretudo para a análise do espaço europeu) se inspiravam na teoria dos polos para delinear "regiões" a partir da influência dos grandes centros urbanos sobre as áreas rurais em derredor e/ou sobre outras cidades de menor porte inseridas na mesma rede de cidades. Noções tais como as de *fluxos, hierarquia urbana* e área de *influência de cidades* passaram a ser os eixos principais do estudo regional (Lencioni, 1997, p. 173). E esses geógrafos estavam conscientes de que o uso de teorias econômicas era uma imposição de transformações históricas recentes, e não uma simples "importação" de ideias vindas de outros campos da ciência, como bem expressou George (1968, p. 9):

> *Geográfica e cartograficamente a observação dessas realidades novas, emanadas da revolução industrial, conduz à passagem da noção de espaço à noção de ponto, isto é, à noção de origem ou de resultado das forças. Esta noção foi apresentada mais frequentemente sob a forma de "espaço polarizado", centralizado em uma grande cidade, dispondo de um poder de decisão mais ou menos considerável.*

Mas é significativo notar que, apesar do caráter funcional dos conceitos e noções que empregavam, os geógrafos dessa corrente tiveram também a preocupação de demonstrar o conteúdo histórico e geográfico concreto das divisões regionais que elaboravam. Isso fica claro na discussão de George e Kayser sobre o papel desempenhado pelos fatores naturais e históricos na estruturação dos centros urbanos e de suas respectivas áreas de influência, de maneira a propor que seria possível identificar "regiões" com diferentes graus de amadurecimento, dependendo da intensidade dos fluxos constituídos ao longo do processo de formação dessas regiões (George; Kayser, 1968).

Ainda mais interessantes são os ataques de Kayser à noção de *espaço econômico abstrato* utilizada pelos teóricos da polarização, à qual ele procura contrapor o seu conceito de *região*, que seria de natureza especificamente geográfica. Ele afirmava que a noção de espaço polarizado é a mais adequada para definir uma região, mas desde que destituída do caráter excessivamente abstrato com que é trabalhada pelos economistas. Nas palavras de Kayser (1968, p. 285), "o espaço polarizado é elástico", já que não se pode determinar uma escala de tamanho adequada para conter um "polo" quando se parte da noção de espaço econômico abstrato, ao passo que "para os geógrafos, o polo, ou o centro é, antes de mais nada, um organismo concreto: uma cidade".

Nesse contexto, fica claro que a geografia francesa do pós-guerra substituiu a ênfase tradicional nos estudos de síntese entre fenômenos físicos e humanos pela preocupação com temas afins à economia e outras ciências da sociedade, tais como os problemas ligados à urbanização e aos desequilíbrios regionais, que deveriam ser corrigidos por meio da intervenção planejada do Estado sobre o território. Apesar disso, a assimilação de teorias formuladas em outros campos do conhecimento, operada no intuito de instrumentalizar a geografia para o estudo dessa nova problemática, acabou despertando tensões de ordem teórica e metodológica dentro da disciplina (Lencioni, 1997, p. 175).

Essas tensões transparecem nitidamente na visão de George sobre a geografia regional. Esse autor qualifica o termo *região* como de natureza essencialmente geográfica, mas sustenta que só pode haver uma "região geográfica" propriamente dita quando se estuda uma determinada porção do espaço terrestre segundo o maior número possível de particularidades, ou seja, quando esse espaço é entendido como um conjunto sintético de elementos heterogêneos. Os padrões descontínuos de organização do espaço delineados pela dinâmica urbana e industrial (expressos na noção de *espaço polarizado*) não inviabilizariam o postulado clássico de que a geografia deve ser uma "ciência de síntese" entre fenômenos físicos e naturais, portanto. Esses novos padrões teriam apenas tornado a noção de região mais complexa e ambígua do que sempre fora na medida em que rompem com as regionalizações historicamente consolidadas e acrescentam elementos novos a serem investigados pelo geógrafo em seu esforço de síntese. Assim, coerentemente com a reafirmação do postulado tradicional, George confere grande relevância aos estudos regionais, pois a procura das definições de *região* como dado geográfico (porque síntese de elementos heterogêneos) constituiria o tema fundamental da disciplina. Não obstante, esse autor percebe que, se as "regiões" passam a ser agora estudadas não apenas com base nos métodos tradicionalmente utilizados para compreender a síntese de elementos físicos e sociais que as caracterizam, como também a partir do instrumental criado em outras ciências sociais, disso resulta que a geografia não é capaz de empregar métodos que lhe sejam próprios. A especificidade dessa disciplina estaria no procedimento de tomar de empréstimo os métodos utilizados em várias outras ciências e combiná-los para chegar à síntese de elementos heterogêneos que caracterizam o espaço terrestre (George, 1972), a qual só é inteligível por meio do recorte regional.

As teses de George demonstram o dilema enfrentado por alguns herdeiros de La Blache, os quais se viam forçados a incorporar novos temas e métodos à geografia, mas ao mesmo tempo hesitavam em aceitar plenamente as consequências desse ato pelo receio de diluir por completo a especificidade dessa disciplina no conjunto das ciências humanas. Daí porque o reconhecimento da primazia dos processos econômicos e sociais na organização espacial serviu apenas para repor a questão da unidade da geografia de forma cada vez mais enfática. Sempre que os geógrafos persistem no postulado da ciência de síntese, obrigando-se a trabalhar com teorias e métodos que abrangem desde a mineralogia até a economia e a psicologia social (conforme o fenômeno estudado), torna-se inevitável que a geografia permaneça "continuamente empenhada na busca de sua unidade" (George, 1972, p. 8).

Já quanto a outros representantes da geografia ativa (bem menos comprometidos que George, no que tange à busca da síntese geográfica), a assimilação de métodos e teorias de outras ciências não parece ter conduzido à elaboração de uma abordagem realmente original para o estudo de temas regionais. Apesar do esforço de Kayser para demarcar as diferenças entre os enfoques de economistas e geógrafos, a simples referência à "região", como um espaço polarizado a partir de um centro urbano concreto, não conferiu à análise geográfica da organização espacial um conteúdo essencialmente diverso daquele recebido nos trabalhos de economistas, nem suscitou a elaboração de propostas inovadoras de planejamento urbano e regional.

Em face dessas características, pode-se afirmar que a verdadeira contribuição dessa corrente ao desenvolvimento da disciplina foi a de criticar a postura "contemplativa" tradicional da geografia, estimulando a discussão de temas mais politizados e inserindo o geógrafo nas atividades de planejamento territorial. Mas, ainda que severa, é pertinente a avaliação feita pela geógrafa Sandra Lencioni, para quem "embora a geografia ativa utilizasse muito do vocabulário presente na teoria geral dos sistemas, tratava-se, na verdade, de um modismo [...]" (Diniz Filho,

2000, p. 17), pois modernizou a linguagem utilizada pelos geógrafos sem chegar a produzir inovações teóricas ou metodológicas efetivas.

Essa avaliação é adequada não somente no que diz respeito à assimilação de teorias oriundas da ciência regional, mas também quanto à aproximação desses geógrafos em relação ao marxismo. O intuito de tornar a geografia uma ciência apta a intervir na realidade não se resumia a trabalhar com teorias e modelos que tivessem funções tanto explicativas quanto práticas, mas também construir teorias críticas da sociedade capitalista que sinalizassem caminhos para a discussão de problemas sociais agudos, bem como conceber soluções no âmbito das lutas políticas. É por esse motivo que George, que recorreu à teoria dos polos para renovar os estudos regionais, foi também o primeiro geógrafo a trabalhar com o conceito marxista de *modo de produção* (Moraes, 1984).

À primeira vista, trata-se aí de uma mistura equivocada de teorias inconciliáveis, mas, como a intenção era apenas atualizar o modelo clássico da ciência de síntese, tais combinações acabavam sendo possíveis. Ao recorrer a teorias pertencentes a epistemologias diversas, visava-se adicionar explicações pertinentes sobre certos processos socioeconômicos a estudos de caráter integrativo e descritivo sobre as relações entre elementos variados, mantendo-se, portanto, a lógica de renovar a linguagem usada pela vertente francesa da geografia tradicional para tratar de temas com forte teor político.

Isso vale mesmo para Lacoste, que se recusava a trabalhar com a teoria dos polos ou qualquer outra ligada à ciência regional, além de criticar severamente as políticas de planejamento inspiradas por essa corrente. Nos trabalhos que publicou sobre a teoria do subdesenvolvimento, esse autor procurou demonstrar a utilidade da perspectiva sintética da geografia para o planejamento sem recorrer a essas teorias, mas tão somente a estudos sobre a influência das relações entre fatores econômicos, demográficos, tecnológicos, sociais e naturais na explicação do fenômeno do subdesenvolvimento e dos obstáculos à sua superação. E, apesar disso, ele também deixava sugerido que o socialismo era o único caminho viável para resolver a questão, embora não usasse o marxismo como método. Mais tarde, quando esse autor se tornou um dos pioneiros da geografia crítica, esse tipo de relação ambígua com o marxismo continuou sendo a marca da sua produção intelectual, como veremos no próximo capítulo.

Em resumo, a geografia ativa, na busca pela renovação dos métodos clássicos da disciplina, aproximou-se da ciência regional e também do marxismo, assumindo o objetivo explícito de estudar temas atuais e politizados para munir a geografia de instrumentos intelectuais úteis no âmbito técnico e também nas lutas políticas. É por conta desse último objetivo, e não pelos métodos usados, que a geografia ativa figura no livro *Geografia: pequena história crítica* (Moraes, 1984) como uma espécie de precursora da geografia crítica. Antes de passarmos à análise dessa última vertente, porém, é necessário fazer um balanço das principais características da geografia quantitativa, de modo a realçar a ruptura que essa escola de pensamento empreendeu na geografia.

3.4 A "Revolução Quantitativa" e sua crise

Os defensores da geografia quantitativa ou nova geografia se apresentavam frequentemente como realizadores de uma verdadeira "revolução" científica na disciplina, pois afirmavam que a aplicação do neopositivismo faria dela, pela primeira vez, uma ciência de fato. As características dessa corrente da geografia às quais se atribuía sua cientificidade podem ser resumidas seguindo aproximadamente um esquema definido pelo geógrafo Antonio Christofoletti (1982b, p. 16-20).

A primeira delas é a **maior exigência de rigor na aplicação da metodologia científica**. Seguindo os princípios positivistas, essa corrente afirma que a geografia não se distingue das demais ciências por ter um método próprio, já que só existe um método para todas as ciências, mas sim por estudar um objeto que lhe é exclusivo. Esse objeto são as leis da morfologia espacial, segundo Schaefer, ou a organização espacial, que é a expressão mais utilizada. A segunda característica é ter a **formulação de teorias como objetivo central**. Como afirma o autor,

> *a falta de teorias explicitamente expostas na Geografia Tradicional foi veementemente criticada por inúmeros geógrafos. Por essa razão, sob o paradigma da metodologia científica, a Nova Geografia também procurou estimular o desenvolvimento de teorias relacionadas com as características da distribuição e arranjo espaciais dos fenômenos.* (Christofoletti, 1982b, p. 17)

Essa vertente da geografia se voltou, assim, para os modelos de localização de Christaller, Weber, von Thünnen e outros. Em decorrência, a terceira característica é o **uso intensivo de técnicas estatísticas e matemáticas**, visto que, como a aplicação da metodologia científica depende da formulação de hipóteses testáveis, a quantificação das observações por meio dessas técnicas é a maneira pela qual as hipóteses e teorias são verificadas objetivamente. Nesse sentido, embora a denominação *geografia quantitativa* derive dessa característica, o uso de tais técnicas não é o elemento que define essa corrente, mas sim a elaboração teórica. Outra característica importante é a aplicação da teoria geral de sistemas, uma vez que esse referencial teórico é muito útil como instrumento para o estudo de complexos de elementos sob a ótica do positivismo lógico. Finalmente, deve-se mencionar a construção e aplicação de modelos, visto que "o modelo permite estruturar o funcionamento do sistema, a fim de torná-lo compreensível e expressar as relações entre os seus diversos componentes" (Christofoletti, 1982b, p. 20).

Mas, na época em que os geógrafos se lançaram a essas inovações, a economia espacial já havia acumulado uma longa tradição de pesquisas calcadas nas mesmas premissas, de modo que o desenvolvimento da geografia quantitativa se deu, em grande parte, pela assimilação de métodos e teorias econômicas oriundas da ciência regional, que surgiu também no início dos anos 1950. Por isso o declínio de ambas ocorreu também em épocas aproximadas. De um lado, a dificuldade de vencer os problemas epistemológicos envolvidos na modelagem dos fenômenos espaciais, bem como o fracasso de muitas experiências de planejamento inspiradas na ciência regional, impediram a economia espacial de integrar a linha principal de teorização em economia. De outro lado, esses mesmos problemas epistemológicos e práticos fragilizaram a geografia quantitativa diante das severas críticas que passou a receber dos geógrafos humanistas e marxistas a partir de 1970.

De um lado, a geografia humanista[m] afirmava que, embora as abordagens neopositivistas pretendessem colocar o homem no centro das análises, eram incapazes de pensar o homem integral, com toda a carga de subjetividade e de valores que definem os comportamentos dos indivíduos, pensando apenas num "homem econômico" ou então num homem entendido abstratamente como sujeito de percepção ou de conhecimento. De outro lado, o marxismo beneficiou-se do fato de que, com a dificuldade dos modelos para avançarem em termos de plausibilidade e detalhamento, as abordagens históricas da economia e de sua manifestação espacial, voltadas para o estudo de uma multiplicidade de fatores, tornaram-se mais defensáveis.

Mas isso não quer dizer que as perspectivas neopositivistas tenham deixado de ser atuais. Basta lembrar que o método mais utilizado na geografia física continua a ser a teoria de sistemas, principalmente pela grande utilidade e versatilidade do conceito de *ecossistema* para o estudo das relações dos seres vivos entre si e com o ambiente. Do lado da geografia humana, a técnica de "modelização gráfica" desenvolvida pelos geógrafos franceses do grupo reclus se aproxima, em boa medida, da perspectiva neopositivista pois, embora a base desse método seja os trabalhos de Elisée Reclus, como o próprio nome do grupo indica, seu objetivo é extrair das informações sobre o espaço o conhecimento de estruturas que se articulam logicamente. Como último exemplo, vale lembrar que a teoria das localidades centrais de Christaller continua sendo a base dos estudos sobre redes e hierarquias urbanas, como vemos na pesquisa *Caracterização e tendências da rede urbana do Brasil* (Motta, 2000). O interessante nessa pesquisa, aliás, é que ela combina a teoria de Christaller com as abordagens críticas da geografia econômica, especialmente aquelas influenciadas pela "teoria da regulação[m]". A justificativa apresentada para tanto é que o conhecimento da dimensão histórica dos processos econômicos regionais é necessário para qualificar melhor a inserção de cada centro na hierarquia da rede, complementando, assim, o conhecimento sobre a lógica das relações funcionais representadas nos modelos.

Como se pode ver, a ascensão das correntes críticas da ciência positivista dentro da geografia, a partir de 1970, não foi capaz de eliminar completamente o interesse pela construção de teorias e modelos sobre a organização espacial. Talvez isso se deva ao fato de que os conceitos de *espaço vivido* e de *espaço social*, trabalhados pelas vertentes críticas, não são capazes de satisfazer a todos os interesses de conhecimento e de intervenção prática na realidade. Para entender as possibilidades e limites desses conceitos, cumpre falar sobre as influências do humanismo, do marxismo e do pós-modernismo na geografia, o que será feito no próximo capítulo.

Síntese

A incorporação do positivismo lógico foi o principal caminho seguido pelos geógrafos dos anos 1950 e 1960 para atualizar sua disciplina em relação às crescentes exigências de rigor nos meios científicos, como também para responder à crise da geografia tradicional. A industrialização e a urbanização impuseram a passagem da síntese regional para a construção de teorias gerais dos padrões de distribuição e das relações espaciais. Tanto que até mesmo alguns herdeiros de La Blache decidiram buscar na ciência regional os instrumentos para lidar com essas novas questões, mesmo sem abandonar os pressupostos clássicos. Nesse quadro, as mudanças epistemológicas mais radicais introduzidas pela geografia quantitativa foram três: a substituição do espaço concreto pelo espaço abstrato dos modelos; o deslocamento da abordagem histórica do centro da pesquisa geográfica para uma posição auxiliar e, por fim, a introdução do estudo de certos aspectos do comportamento humano na geografia, por ser essa uma condição necessária para a formulação de teorias sobre a organização espacial.

Indicações culturais

CALVINO, I. **As cidades invisíveis**. Tradução de Diogo Mainardi. São Paulo: Companhia das Letras, 1990.

> *O livro usa a cidade como metáfora para tratar de um grande número de temas, muitos deles geográficos. Dentre eles, merece destaque o dilema de explicar o mundo por meio de esquemas de pensamento abstratos ou por descrições verbais detalhadas.*

Atividades de Autoavaliação

1. Sobre os fatores que levaram à "revolução quantitativista", qual das afirmativas a seguir é verdadeira?
    a) As correntes da geografia tradicional seguiam o positivismo clássico e entraram em crise quando o Círculo de Viena sofisticou esse método.

b) A modernização da economia produziu padrões de distribuição e relações espaciais que negavam a ideia clássica de singularidade dos lugares.

c) A teoria dos polos foi formulada por geógrafos franceses para o estudo do subdesenvolvimento.

d) As obras dos filósofos e matemáticos neopositivistas foram a base para a geografia quantitativa construir modelos de localização industrial e agrícola.

2. A geografia quantitativa ou teorética se diferencia radicalmente das anteriores. Qual das afirmativas abaixo descreve corretamente as características dessa corrente?

a) Na geografia quantitativa, a descrição das paisagens é substituída pela teorização a partir da lógica do comportamento humano.

b) Essa corrente reinterpreta a noção kantiana de *corologia*, pois sustenta que a quantificação é o método adequado para desenvolver o ponto de vista geográfico.

c) O determinismo ambiental foi revitalizado com a aplicação da teoria geral de sistemas no estudo da relação homem-natureza.

d) O uso intensivo da quantificação e da cartografia deu novo significado à abordagem idiográfica, pois permitiu tratar um maior número de variáveis.

3. Aplicar o neopositivismo numa ciência que sempre se propôs a fazer uma síntese de conhecimentos variados implicava mudar a concepção de *espaço*. Sobre as causas e consequências dessa mudança, assinale a afirmativa correta:

a) Pensar o espaço abstratamente significa excluir os interesses e outros fatores psicológicos do objeto de estudo geográfico e centrar o foco nas infraestruturas.

b) O estudo da organização espacial se opõe às sínteses regionais porque leva em conta todo o espaço, em vez de focar apenas numa região.

c) A geografia ativa procurou mostrar que a utilidade prática do conhecimento geográfico estava no estudo da relação homem-meio, minimizando, assim, a importância da modernização.

d) O positivismo lógico defende a aplicação dos parâmetros de cientificidade da ciência físico-matemática no estudo da sociedade e do espaço.

4. Ao direcionar suas pesquisas para o estudo dos comportamentos humanos, a geografia neopositivista se abriu para novos temas e novas epistemologias. Assinale as alternativas que indicam corretamente algumas consequências disso:

   I. A teoria das localidades centrais, de Christaller, foi revalorizada pelos geógrafos, que passaram também a trabalhar com os "modelos de localização" dos economistas.

   II. A quantificação das informações passou a ser uma condição imprescindível para a verificação das hipóteses e teorias sobre a organização espacial.

   III. O desenvolvimento da geografia da percepção mostra que a geografia quantitativa não ficou imune ao subjetivismo das correntes idealistas.

   a) Somente as afirmações I e II são verdadeiras.
   b) Somente as afirmações I e III são verdadeiras.
   c) Somente a afirmação I é verdadeira.
   d) Somente as afirmações II e III são verdadeiras.

5. Embora a geografia tradicional tenha prestado contribuições ao planejamento, a corrente neopositivista se distinguia por afirmar que a utilidade prática era uma característica inerente às suas teorias. Assinale a alternativa que explica corretamente a visão desta última sobre o planejamento:

I. Os neopositivistas precisaram rever o princípio da neutralidade científica para poder elaborar teorias capazes de orientar intervenções políticas na organização espacial.

II. O neopositivismo atribuía objetividade às teorias sobre a organização espacial e cientificidade às políticas informadas por essas teorias.

III. A visão de desenvolvimento atual privilegia a noção de espaço concreto no planejamento de políticas regionais ou territoriais.

a) Somente as afirmações I e III são verdadeiras.
b) Somente a afirmação III é verdadeira.
c) Somente as afirmações II e III são verdadeiras.
d) Somente a afirmação II é verdadeira.

Atividades de Aprendizagem

Questões para Reflexão

1. Qual era a crítica de Schaefer ao sistema kantiano de classificação das ciências?
2. Como as relações entre geografia geral e geografia regional são pensadas no âmbito da nova geografia?
3. O que foi a geografia ativa?

Atividade Aplicada: Prática

1. Nos livros didáticos de geografia, as contribuições da abordagem lógica e matemática de estudo da organização espacial se fazem presentes nos conteúdos sobre rede e hierarquia urbana. O conceito de *área* ou *região de influência* de uma cidade, definida pelos fluxos de pessoas que viajam para adquirir bens e serviços que não se encontram nas cidades onde moram, é essencial para definir a posição de cada centro urbano na hierarquia da rede. Assim, uma forma interessante de explicar aos alunos o conceito de

área de influência das cidades, como também para lhes mostrar as relações entre a circulação das pessoas dentro da cidade, seu nível de renda e local de moradia, é aplicar questionários com os pais dos alunos para saber onde eles adquirem bens e serviços. Algumas sugestões de perguntas para os alunos e seus pais responderem são as seguintes:

1. Qual é o seu (do aluno) endereço de moradia?
2. Em que locais sua família costuma comprar alimentos para o dia a dia, como pão e verduras frescas?
3. Onde sua família costuma comprar carne?
4. Onde sua família faz as compras do mês?
5. Quais são as suas principais atividades de lazer? Com que frequência elas são praticadas?
6. Onde você (o aluno) vai para praticá-las? Na rua em frente de casa, no campinho de futebol, na própria escola, no *shopping*?
7. Sua família costuma viajar na passagem do ano? Para onde costumam ir?
8. Quais os meios de transporte usados para as viagens?

De posse dessas informações, o professor pode usar mapas do bairro onde os alunos residem para mostrar as áreas de influência dos estabelecimentos em que as famílias deles costumam adquirir bens e serviços, como o supermercado e a feira. Esse exercício permite mostrar que os estabelecimentos onde se compram bens perecíveis e consumidos diariamente têm área de influência menor do que aqueles onde se compram bens duráveis ou que podem ser estocados por períodos mais longos. Essa forma didática de explicar o conceito de área de influência serve de base para mostrar ao aluno como se definem os níveis hierárquicos dos vários centros urbanos, expressos por conceitos como *metrópole global*, *metrópole nacional*, *centro regional* e assim por diante. Além disso, ao combinar o mapa do bairro com mapas da cidade, do estado ou até do Brasil (de acordo com as respostas dadas aos questionários), é possível mostrar que a mobilidade das pessoas depende do nível de renda de cada uma, algo que não aparece nos estudos que classificam as cidades em níveis hierárquicos.

Capítulo 4

As perspectivas humanista, marxista e pós-modernista têm em comum a refutação do positivismo. A primeira mobiliza epistemologias diversas para estudar as percepções, valores e atitudes de indivíduos, grupos e sociedades em relação ao espaço e ao ambiente. Parte, assim, da crítica ao racionalismo e acaba por reproduzir visões românticas.

Já os geógrafos críticos se caracterizam pelo objetivo de fazer da geografia uma ciência social capaz de elaborar uma crítica radical ao capitalismo e por defenderem um conjunto de pressupostos afinados com esse objetivo, entre os quais se sobressaem três: a tese de que os problemas socioespaciais e ambientais da atualidade são inerentes ao capitalismo; a visão de que a geografia se distingue das outras ciências da sociedade justamente por estudar o espaço social e as formas de apropriação da natureza; e a oposição ao princípio da neutralidade do método, em nome de uma ciência que se propõe libertadora.

Espaço vivido e espaço social: alternativas ao neopositivismo

O marxismo foi a tradição de pensamento que influenciou mais intensamente a formulação desses pressupostos, mas, a partir de 1990, vemos uma tendência à combinação de ideias marxistas, humanistas e pós-modernistas. Trata-se, assim, de um aumento do ecletismo epistemológico guiado pelo objetivo de renovar as críticas à sociedade capitalista num contexto de inegável crise intelectual e política do marxismo.

4.1 A geografia humanista: em busca do "homem integral"

A geografia humanista, que alguns autores preferem chamar *humanística*, é a tendência do pensamento geográfico que estuda as experiências de indivíduos e grupos em relação ao espaço com o intuito de compreender seus comportamentos e valores. Os geógrafos que preferem usar a palavra *humanística* argumentam que todos os estudos de geografia humana põem em foco comportamentos do homem, de modo que a palavra *humanista* é muito genérica, pois se aplica a todos os ramos e vertentes de estudo. Assim, esses autores falam em *geografia humanística* para enfatizar que estudam os elementos mais particularmente humanos da relação do homem com o espaço e a natureza, que são os valores, crenças, símbolos, atitudes etc., conforme define Entrikin, citado por Christofoletti (1982a, p. 22). Daí a visão de que a perspectiva humanista ou humanística procura, acima de tudo, servir como ferramenta de autoconhecimento para o homem, sendo que a contribuição da geografia nessa empresa está nos conhecimentos que oferece acerca dos inúmeros tipos de percepção, atitudes e valores concernentes ao espaço e à natureza (Tuan, 1982, p. 162).

Assim, os pressupostos que dão unidade a essa corrente derivam da incorporação de variadas formas de pensamento humanista pelos geógrafos. Um primeiro pressuposto importante desse tipo de pensamento é a **visão antropocêntrica do saber**, no sentido de que a produção de conhecimento é sempre fruto da intencionalidade do sujeito que o produz, de modo que todo saber é marcado pela subjetividade. Igualmente importantes são a **crítica aos procedimentos analíticos do modelo de ciência normativo** e, em consequência, a proposta de **buscar um conhecimento holístico**, baseado na contextualização social e natural das relações do homem com o ambiente. Finalmente, podemos mencionar a **concepção do homem** como um ser que atribui valor e sentido às coisas que o cercam, sendo esses os fundamentos da cultura (Gomes, 2003, p. 310-312).

Apesar desses pressupostos comuns que, por sinal, são bastante gerais, a geografia humanista é talvez a mais diversificada quanto às suas opções epistemológicas, não havendo uma corrente filosófica ou científica que predomine claramente nos estudos humanistas, nem mesmo um método que seja mais frequente em tais estudos. O melhor que se pode fazer para oferecer uma visão de conjunto sobre os geógrafos dessa corrente é ressaltar a existência de algumas abordagens inspiradas na fenomenologia e de outras que procuram renovar as abordagens clássicas da geografia pelo estudo do "espaço vivido".

Começando pela fenomenologia, podemos dizer que se trata de um método elaborado pelo filósofo Edmund Husserl (1859-1938), com o objetivo de produzir verdades racionais e objetivas tomando como ponto de partida as experiências dos indivíduos. Em vez de tentar descobrir verdades absolutas pelo estudo das coisas em si mesmas, seria possível chegar a essas verdades pela identificação dos elementos universais das representações que os indivíduos têm das coisas.

Toda representação é um fenômeno psíquico, no sentido de que possui um caráter psicológico individual, mas se refere sempre a um objeto, isto é, a algo que chama a atenção das pessoas e que, por isso, é pensado como um ente que se destaca no conjunto das coisas. Uma ilustração didática dessa ideia é que se eu desejo pensar o objeto Napoleão, terei de fazer isso por representações singulares: "ora imagino-o montado a cavalo na ponte de Arcole; ora suponho-o na batalha de Austerlitz, com a cabeça baixa e a mão enfiada na sua túnica; ora figuro-o desesperado, após a derrota de Waterloo" (Morente, 1970, p. 54). Cada uma dessas representações é singular, mas todas se referem a um objeto, que é Napoleão. Poderíamos, assim, descobrir elementos essenciais nas representações utilizando um método que consiste em suspender todas as características que singularizam as representações de Napoleão e de qualquer outro objeto. Trata-se de descrever minuciosamente as representações sobre um objeto natural ou social e afastar todos os elementos psicológicos e individuais que elas contém, bem como todos os preconceitos e explicações de ordem cultural ou científica contidas nessas representações, a fim de descobrir os elementos universais e essenciais dessas representações. Pela descrição, é possível variar diversos exemplos desse objeto para descobrir as características essenciais que cada um deles deve ter para ser reconhecido como exemplificação do mesmo (Kilminster, 1996, p. 307).

Desse modo, um elemento central do pensamento desse autor é a definição da consciência como um fluxo de vivências, isto é, uma atividade ininterrupta e formada por uma série de atos intencionais, como a percepção, a recordação, a imaginação etc. Nesse sentido,

> as essências ou significações [...] são objetos visados de certa maneira pelos atos intencionais da consciência. Assim, por exemplo, um cubo pode ser visado pela percepção e, enquanto essência perceptiva, é distinto do cubo quando visado pela ideia geométrica de volume. Por outro lado, esse mesmo cubo pode ser visado por um ato de imaginação, encontrando-se, assim, uma terceira essência, distinta das anteriores.
> (Chaui, 1988, p. XI)

Vemos, assim, que os métodos e objetivos desse autor remetem à tradição racionalista de pensamento filosófico na medida em que ele procura aplicar procedimentos rigorosos para chegar a verdades de razão, ou seja, verdades necessárias e independentes de observações empíricas. O pressuposto que dá base a esses esforços é o de que existe uma "subjetividade transcendental", ou seja, uma forma de consciência que é independente das particularidades de cada um. John, Maria e Pierre (personagens fictícios) possuem cultura, personalidade e histórias de vida próprias, e assim suas representações dos objetos naturais e sociais são tão singulares quanto eles mesmos. Mas Husserl assegurava ser possível deduzir das representações certas essências que são universais porque se referem a uma forma geral da sensibilidade humana, que transcende as características individuais de John, Maria e Pierre.

Todavia, as correntes da fenomenologia inspiradas pelo existencialismo de autores como Jean-Paul Sartre (1905-1980) e Maurice Merleau--Ponty (1908-1961) recusavam essa afirmação de uma subjetividade transcendental. Esses autores também conferem prioridade às vivências, ao "mundo vivido" como esfera de conhecimentos significativos, mas sustentam que um indivíduo não pode ser explicado em referência a características essenciais ou universais de todos os homens. O existencialismo está fundado na afirmação da liberdade humana, de sorte que cada indivíduo só é explicável pelas suas escolhas pessoais, escolhas livres por meio das quais cada um define o que é. Por isso, Sartre (1973) também rejeitava todas as ciências e discursos que explicam a história ou o comportamento humano como produto de alguma causalidade interna ou externa ao indivíduo, como a psicanálise, os vários tipos de determinismo e evolucionismo social, ou mesmo a literatura naturalista, para a qual o indivíduo é um produto da sociedade.

Tanto a visão de Husserl quanto a dos existencialistas tiveram influência considerável nas ciências sociais, direcionando as pesquisas sociológicas e antropológicas para a descrição detalhada do cotidiano de diversos grupos sociais a fim de conhecer os modos pelos quais as pessoas atribuem significado às suas atividades. Daí a importância conferida nessas pesquisas aos valores, atitudes, símbolos e outros elementos subjetivos da percepção e do comportamento humano. Sendo assim, um ponto comum entre os estudos fenomenológicos era a crítica ao modelo normativo de ciência e ao positivismo, em suas várias versões, pois afirmam que as ideias realmente importantes para as pessoas são as representações carregadas de sentido que elas usam e elaboram em seu cotidiano, algo não captado pelas explicações científicas abstratas e supostamente despidas de valores.

Na visão de Husserl e dos existencialistas, não existe uma separação entre sujeito e objeto, sobretudo em se tratando das ciências humanas e sociais, posto que os objetos são constituídos nas vivências dos sujeitos. Mas nem por isso podemos afirmar que a fenomenologia nega qualquer validade ao modelo normativo, pois seu fim é encontrar um meio termo entre a construção de teorias gerais e as abordagens totalmente subjetivistas ou avessas à generalização, como o historicismo. Ao pensar as relações entre os modos subjetivo e objetivo de conhecimento, essa corrente procura superar as oposições dualistas, pois reconhece a validade de ambos, embora sem se identificar com eles. Assim, enquanto o modo subjetivo pensa a experiência sempre como algo absolutamente individual e o modo objetivo procura fazer generalizações e proposições testáveis sobre as experiências de conjuntos de indivíduos, o modo fenomenológico é intersubjetivo, pois procura chegar a certas explicações gerais pondo em foco as relações entre os indivíduos em seu mundo vivido (Buttimer, 1982, p. 174-175).

Mas, enquanto a influência das abordagens fenomenológicas já se fazia sentir na sociologia no início dos anos 1930, é só em meados dos anos 1960 que surgem os primeiros trabalhos inspirados por esses pressupostos na geografia, e apenas na década seguinte é que a geografia humanista começou a ganhar impulso. Um livro que figura entre os mais importantes para a expansão da geografia humanista foi *Topofilia: um estudo da percepção, atitudes e valores do meio ambiente*, publicado pelo geógrafo Yi Fu-Tuan, em 1974. O título já mostra que um dos objetivos centrais da obra é estudar os sentimentos de apego das pessoas ao ambiente natural ou construído, pois *topus* é uma palavra grega que significa *lugar*, enquanto *filo* significa *amor, amizade, afinidade*. Contudo, não se pode dizer que esse autor tenha aplicado o método husserliano, o que implicaria isolar os objetos que compõem o ambiente dos aspectos particulares e preconceitos contidos nas representações sobre eles com o fim de encontrar o que há de universal nessas representações.

Ao procurar traços universais das percepções e do pensamento sobre o espaço, esse autor segue caminhos diferentes, tal como identificar as respostas psicológicas comuns a todas as pessoas (derivadas da evolução biológica e da estrutura básica do cérebro) e depois mostrar que os mesmos tipos de respostas se manifestam na cultura dos povos. Vemos isso quando ele diz que "a mente humana parece estar adaptada para organizar os fenômenos [...] em pares de opostos" e, mais adiante, comenta que todas as culturas pensam os fenômenos por oposições binárias entre macho e fêmea, terra e céu, montanha e mar etc. (Tuan, 1980, p. 18-27).

A verdade é que o autor não se propôs a aplicar um método específico para elaborar esse livro. Seu objetivo era apenas fazer uma série de estudos sobre os temas abordados com maior frequência nos trabalhos sobre valores e atitudes ambientais para dar uma visão de conjunto sobre as possibilidades de pesquisa desses temas e, ao mesmo tempo, refletir sobre os caminhos pelos quais se poderia construir uma abordagem integrada. Por isso, ele já começa o livro esclarecendo que não vai explicar os procedimentos de pesquisa que empregou e que nenhum "conceito abrangente" orienta os estudos apresentados na sequência. Em se tratando de um trabalho exploratório, mesmo seus conceitos operacionais como percepção, atitude e valor, não recebem definições rígidas e nem são empregados de maneira padronizada, pois os significados atribuídos a esses termos se sobrepõem e só ganham sentido claro nos contextos em que aparecem (Tuan, 1980, p. 2-3).

Em um outro trabalho no qual Tuan procura mostrar caminhos para o desenvolvimento da abordagem humanista, vemos uma explicação interessante da sua visão de ciência e das contribuições específicas que a geografia humanista tem a dar:

A contribuição da Geografia Humanística para a Ciência está na revelação de materiais dos quais o cientista, confinado em sua própria estrutura conceitual, pode não estar consciente. O material inclui a natureza e a gama da experiência e pensamentos humanos, a qualidade e a intensidade de uma emoção, a ambivalência e a ambiguidade dos valores e atitudes, a natureza e o poder do símbolo e as características dos eventos, das intenções e das aspirações humanas. Um cientista social provavelmente pode beneficiar-se da leitura de biografias, de histórias, poemas e novelas, como documentos humanos, mas frequentemente são demasiado específicos e de uma textura demasiado densa para sugerirem possíveis linhas de pesquisa. Um dos papéis do geógrafo humanista é o de um agente intelectual; toma essas pepitas de experiência como capturadas na arte e decompõe-nas em temas mais simples que podem ser sistematicamente ordenados. Uma vez que a experiência seja simplificada e dada uma estrutura explícita, seus componentes podem produzir uma explanação científica. (Tuan, 1982, p. 159-160)

A visão crítica de Tuan em relação ao modelo de ciência normativo nada tem de radical, portanto, já que ele não deixa de reconhecer a validade das teorias e modelos elaborados pelas ciências naturais e sociais e nem propõe a abordagem humanista como substituta das outras. Pelo contrário, os dois tipos de pesquisa científica são para ele complementares, pois a geografia humanista trata de temas que, embora fundamentais, não se adaptam aos métodos nomotéticos de pesquisa científica e, por isso, utiliza métodos idiográficos, como o estudo de biografias e obras literárias, para compor a base de futuras explicações científicas sobre as experiências individuais.

Essa visão conciliatória é reforçada quando o autor discute as possíveis contribuições da geografia humanista para o planejamento, começando por ressaltar que, ao contrário dos trabalhos de geógrafos de outras perspectivas, os conhecimentos produzidos pelos humanistas não apresentam uma utilidade evidente e direta para as políticas estatais. Ainda assim, ele indica algumas contribuições concretas para ações que melhorem o ambiente físico, como fornecer aos planejadores informações úteis para a elaboração de planos urbanísticos que, por exemplo, observem que habitantes de determinada cidade apreciam viver próximos uns dos outros, devido aos valores de sua cultura. Diz também que, de outro lado, o geógrafo humanista pode alertar os habitantes dessa cidade hipotética quanto ao fato de que a proximidade, embora aconselhável, pode implicar também a perda de outros valores humanos igualmente importantes como a privacidade. Finalmente, os conhecimentos dos humanistas seriam particularmente úteis no ensino, pela sua capacidade de "abrir as mentes" dos estudantes. Nesse sentido, "[...] pelo critério do efeito sobre os outros, um humanista em sua sala de aula pode ser julgado mais útil que seu colega provido de mente prática em um escritório de planejamento" (Tuan, 1982, p. 162).

Numa avaliação geral das contribuições de Tuan à geografia humanista, podemos dizer que sua erudição e o amplo reconhecimento alcançado por seus trabalhos estimularam a multiplicação de pesquisas geográficas centradas nos aspectos mais subjetivos da relação do homem com o espaço. No entanto, é difícil avaliar até que ponto ele pode ter contribuído para delinear uma corrente orientada por uma epistemologia específica. Em primeiro lugar, porque esse nunca foi seu objetivo manifesto, tanto que ele talvez tenha se preocupado mais em mapear e desenvolver diversos caminhos possíveis das pesquisas humanistas, como no livro *Topofilia*, do que em estruturar uma epistemologia específica e aplicável a um grande leque de assuntos. Em segundo lugar, porque, embora a influência husserliana se manifeste nos esforços desse autor para encontrar a essência de conceitos como os de *espaço* e *homem*, os métodos com os quais ele tentou cumprir esse objetivo não eram coerentes com o método filosófico elaborado por Husserl (Gomes, 2003, p. 330-331).

Além disso, a própria diversidade interna da fenomenologia, tanto no âmbito filosófico quanto no científico, contribuiu para que a geografia de inspiração fenomenológica se desdobrasse desde cedo em muitas perspectivas diferentes. Anne Buttimer, por exemplo, é uma geógrafa humanista que utilizou, principalmente, os trabalhos de autores existencialistas para desenvolver uma proposta de renovação das abordagens clássicas, especialmente as concepções de La Blache sobre **gênero de vida** e **homem habitante**. Ela argumenta que os geógrafos não podem deixar de lado nenhuma ideia que seja capaz de mostrar aspectos novos da relação do homem com a Terra e, sendo assim, propõe usar o conceito de *habitação* tal como ele é pensado na fenomenologia existencialista. Esse conceito se refere não apenas à moradia ou à organização espacial, já que o lar é "o símbolo de um diálogo diário com o meio ambiente ecológico e social da pessoa", e se apoia tanto na história humana quanto nos projetos de futuro dos moradores. Por sua vez, a noção de gênero de vida converge com a visão fenomenológica na medida em que faz referência a um complexo de elementos naturais e humanos constituídos pelo sentido de lugar de um grupo social.

Realmente, a geografia humanista dá uma grande importância ao conceito de *lugar*, pois o define como um ponto do espaço que concentra os valores de ordem cultural e individual que permeiam a vida cotidiana das pessoas. Nesse sentido, Buttimer (1982, p. 166, 177) afirma que, embora os gêneros de vida sejam influenciados por conhecimentos provenientes do contato entre grupos sociais de vários lugares, é principalmente pela identificação de um grupo com o seu próprio lugar que se constituem os gêneros, conforme exemplificavam os estudos clássicos das regiões francesas, muito embora enfatizassem os elementos da natureza nas divisões regionais.

Por sua ênfase no estudo fenomenológico do lugar e do "espaço vivido", essa autora acabava convergindo com Tuan na crítica das pretensões de universalidade e objetividade da ciência normativa, mas, assim como ele, entende que a geografia humanista não deve negar completamente a validade desse modelo de ciência, e sim estabelecer com ele relações de complementaridade e de enriquecimento mútuo (Buttimer, 1982, p. 174-175). Ao resumir suas conclusões sobre os aportes que a fenomenologia e o existencialismo oferecem à ciência, a autora diz que ambos "desafiam o cientista social a questionar radicalmente o seu modo normal de conhecimento, o seu modo normal de ser no mundo e ousar aceitar a responsabilidade da liberdade". Quanto à geografia, ela conclui que a maior contribuição dessas correntes está em divulgar a necessidade de uma abordagem mais humanística, ajudando os geógrafos a "transcender as barreiras artificiais que nossa herança intelectual ocidental tem colocado entre a mente e o ser, entre o intelectual e o moral, entre a verdade e a bondade, em nossos mundos vividos" (Buttimer, 1982, p. 193).

Mas a importância do "espaço vivido" é vista também em estudos de geografia humanista que não se inspiram na fenomenologia, como na proposta elaborada por Armand Frémont, em 1976, para a renovação dos estudos regionais. Esse autor afirma que as regiões podem ser estudadas do ponto de vista das relações socioeconômicas e das formas materiais, mas que a perspectiva regional associada ao conceito de espaço vivido é mais abrangente, pois inclui também a dimensão afetiva. Assim, ele destaca que as regiões concebidas pelas pessoas comuns nada têm a ver com as divisões regionais usadas pelo Estado, pois dizem respeito à percepção espacial das pessoas e ao sentimento que elas têm de pertencerem aos lugares frequentados pelo grupo social com o qual se identificam. Nesse sentido, a relação afetiva mais imediata dos indivíduos com o espaço se dá no **lugar**, isto é, em espaços reduzidos nos quais se entabulam as relações mais diretas entre as pessoas no seu dia a dia. Mas numa escala intermediária entre o lugar e os grandes espaços nacionais ou continentais estariam as regiões, que se definem por sentimentos e identidades que vão além das relações pessoais imediatas, já que se referem a uma rede de lugares onde vive o grupo social do qual as pessoas sentem fazer parte (Lencioni, 1997, p. 191-192).

É fácil ver que essa proposta, que se desenvolveu consideravelmente na França, tem muitos pontos em comum com os trabalhos fenomenológicos como a valorização dos elementos subjetivos da relação do homem com o espaço e as críticas às formas racionalistas de estudo e intervenção espaciais. Mas o interessante é que essa linha de pesquisa sobre o espaço vivido se desenvolveu sob a influência de pesquisas sociais não relacionadas a qualquer corrente filosófica específica e que o seu ponto de partida foi o interesse em renovar a geografia clássica francesa, originada com La Blache. De fato, resultados interessantes desse tipo de pesquisa são os estudos que mostram as profundas diferenças entre o espaço vivido do europeu, que é um "espaço padrão" típico das sociedades industriais, e o espaço vivido das populações tradicionais, como caboclos brasileiros e aborígines africanos, entre outros (Gallais, 2002). Assim, longe de se apresentar como uma ruptura radical em relação ao racionalismo e à tradição geográfica, essa abordagem do espaço vivido propõem apenas construir um ponto de vista complementar para o estudo regional na medida em que pensa a região como um espaço de pertencimento e de identidade coletiva. Ela trabalha basicamente com os mesmos temas de outras vertentes da geografia humanista e, por isso, não se define pelo emprego de um determinado referencial teórico-metodológico, mas sim por pesquisar um conjunto de temas com base em referenciais muito diversificados (Gomes, 2003, p. 318-319).

Numa avaliação geral das propostas humanistas, é interessante destacar que, apesar da intenção manifesta de escapar às simplificações tanto da racionalidade da metodologia científica quanto do subjetivismo, na prática os geógrafos humanistas acabaram pendendo para este último. Buttimer, por exemplo, aponta a intersubjetividade como o modo fenomenológico de conhecimento, mas, como informa Gomes (2003, p. 332), formulou uma proposta metodológica subjetivista ao defender que os geógrafos deveriam estudar suas próprias vidas cotidianas, com o argumento de que seria impossível conceber um outro método antes que esse trabalho fosse realizado.

Paulo César da Costa Gomes apresenta outros exemplos de visões subjetivistas e até antirracionalistas nas obras dos autores que trouxeram influências fenomenológicas para a geografia, mas ressalta que foi, sobretudo, em período mais recente que ideias desse tipo começaram a se sobressair. Nos anos 1990, alguns geógrafos humanistas radicalizaram as contestações ao modelo normativo de ciência ao ponto de romperem com as propostas conciliatórias que marcaram os primeiros trabalhos dessa corrente, acentuando, assim, o papel da subjetividade como ferramenta de conhecimento e propondo explicitamente uma aproximação entre ciência e arte. É nesse sentido que esse autor chama atenção para as semelhanças crescentes entre a geografia humanista e as críticas do romantismo do século XVIII à ciência iluminista, que também desembocaram na proposta de integrar razão, intuição e apreciação estética num modelo alternativo de ciência (Gomes, 2003, p. 336), como vimos no capítulo 1.

No que diz respeito às relações da geografia humanista com outras correntes, devemos lembrar que, de início, o humanismo só conseguiu se desenvolver em países onde a geografia quantitativa não era muito influente, como Austrália e Canadá, devido à forte oposição entre as duas correntes. Além disso, a geografia humanista não estava sozinha na refutação da ciência positivista e neopositivista, pois a geografia crítica, que surgiu na mesma época, apresentava-se também como uma alternativa. Uma contestação bastante recorrente dos geógrafos críticos aos estudos humanistas é que estes se preocupam de diversas maneiras com o homem, mas quase nunca conseguem fazer proposições concretas quanto aos caminhos possíveis para uma mudança social que crie condições objetivas para a humanização o homem, ou seja, para uma transformação no rumo do socialismo. Nesse sentido, o humanismo poderia cumprir uma função ideológica favorável à preservação do capitalismo, ainda que involuntariamente. Uma outra crítica dos autores radicais é que os métodos utilizados pelos humanistas no estudo da subjetividade estão centrados principalmente nas práticas individuais, concedendo, assim, pouca importância às relações entre estas e as práticas coletivas. Finalmente, cabe mencionar a crítica de que os métodos idiográficos usados pela fenomenologia, por direcionarem os estudos para a descrição dos modos de vida cotidianos em sua dimensão espacial, poderiam conduzir à "renovação do positivismo geográfico, apresentado sob novas cores" (Santos, 1982, p. 9-11).

Essas críticas político-ideológicas e a referência à questão da prática coletiva são pontos de vista peculiares da geografia crítica, mas, de certo modo, alguns desses argumentos vão além dos limites dessa corrente e da própria geografia. De fato, as pesquisas fenomenológicas procuram geralmente construir um diálogo entre filosofia e ciência acerca de questões de conhecimento e de atividades humanas como a cultura. Nas ciências sociais, tal característica implicou a incapacidade da fenomenologia (reconhecida por seus próprios defensores) de trabalhar sistematicamente com questões políticas e de poder, sobretudo quando referidas a sociedades concretas. Daí porque sua principal contribuição científica ficou limitada à crítica humanista do positivismo e da ciência dita formalista. Portanto, na medida em que os sociólogos acataram várias ponderações dos fenomenologistas sobre os limites da objetividade (como a afirmação de que não há uma separação absoluta entre sujeito e objeto), a fenomenologia foi gradualmente perdendo seu atrativo (Kilminster, 1996, p. 309). Na geografia se deu algo semelhante, pois, apesar das considerações de Tuan sobre a utilidade da perspectiva humanista, tanto ele quanto Buttimer admitem que essa abordagem é pouco apta a propor soluções para problemas políticos e práticos concretos, e por isso passa geralmente ao largo dessas questões. Daí porque Tuan dá destaque ao autoconhecimento como recompensa maior do projeto humanista, enquanto Buttimer (1982, p. 188-189) indica a "conscientização existencial".

Outro fator que pesou muito para o enfraquecimento das propostas fenomenológicas foram as suas fragilidades epistemológicas. Na sociologia, os esforços dos fenomenologistas para encontrar estruturas invariáveis e universais no "mundo vivido" por meio de reflexões de tipo filosófico (sem verificação empírica) levantaram a suspeita de que seus métodos introduzem valores e preconceitos sobre a natureza humana nos resultados das pesquisas (Kilminster, 1996, p. 309). Na geografia, conforme Tuan (1980, p. 5) e Entrikin, este citado por Gomes (2003, p. 335), vemos que os próprios humanistas ressaltam frequentemente o caráter vago ou ambíguo dos seus conceitos, como *topofilia* e *espaço vivido*, além de admitirem a dificuldade de comunicação presente em suas abordagens, que permanecem obscuras em termos metodológicos.

Por conta de todos esses problemas, as contribuições epistemológicas da geografia humanista para a disciplina se restringiram principalmente à contestação do positivismo e da objetividade da ciência. Mas não que isso signifique que os temas estudados pelos humanistas tenham deixado de ser importantes nas pesquisas geográficas ou que não haja contribuições epistemológicas significativas para o estudo desses temas. Muito pelo contrário, o aumento do interesse pela geografia cultural, sobretudo de 1990 em diante, mostra que os estudos de percepção e cognição espacial, assim como a questão das representações, valores e atitudes relacionadas ao ambiente e ao espaço continuam na ordem do dia, apesar de as epistemologias usadas nesses estudos irem muito além da fenomenologia (Kozel; Mendonça, 2002, p. 189-266). Nesse contexto, o pós-modernismo emerge como a corrente de pensamento que veio renovar as críticas humanistas ao modelo normativo de ciência a partir de novos enfoques (Gomes, 2003, p. 336), especialmente aqueles que se propõem a fazer a ponte entre a crítica da ciência racionalista e a crítica ao capitalismo.

Todavia, o pós-modernismo só pôde realmente assumir a condição de herdeiro do criticismo humanista do final dos anos 1980 em diante, quando a influência marxista dentro da geografia crítica começou a enfraquecer, conforme se verá nas próximas seções.

4.2 A teoria social crítica

Um dos princípios fundamentais do positivismo e do neopositivismo, como já mencionamos, é o da neutralidade da ciência, cujo pressuposto é a existência de uma separação clara e distinta entre os valores e os fatos observados. Em função disso, uma diferença essencial entre as escolas positivistas e as correntes que se propõem a produzir uma ciência crítica da sociedade capitalista é que estas últimas negam que possa haver produção de conhecimento científico isenta de valores sociais ou culturais e, portanto, de interesses. Essa segunda tradição intelectual pode ser assim denominada *teoria social crítica*, e comporta um conjunto variado de orientações teórico-metodológicas e políticas em grande parte antagônicas entre si, mas que convergem no interesse de criticar a sociedade capitalista e suas instituições em bases radicais. É por isso que, algumas vezes, essa corrente é denominada por seus defensores de *pensamento crítico*. Neste livro, usamos o termo *teoria social crítica* para não criar confusões com alguns métodos de ensino elaborados com o objetivo de desenvolver as capacidades cognitivas e reflexivas dos alunos, os quais também são chamados de *pensamento crítico* (Vieira, 2000).

Assim, de forma bastante geral, podemos dividir a teoria social crítica em dois campos, que são o **marxismo** e o **pós-modernismo** (embora nem todo pós-modernismo seja crítico), cabendo, portanto, fazer uma breve introdução sobre cada um deles.

O marxismo sempre foi a corrente principal da teoria social crítica e teve origem com os trabalhos de Karl Marx (1818-1883) e Friedrich Engels (1820-1895). O termo *marxismo* é usado para designar, simultaneamente, um método filosófico e científico, uma teoria crítica da sociedade capitalista e uma corrente ideológica de esquerda. Resumir a obra de Marx é, portanto, bastante difícil, não somente por sua complexidade e pela variedade dos temas de que trata, mas principalmente pelo fato de que, ao longo do tempo, o marxismo se desdobrou em inúmeras correntes e subcorrentes que interpretam as obras fundadoras de maneiras distintas e até contrárias em muitos aspectos. De fato, o marxismo é, hoje, uma tradição de pensamento bastante diversificada, de modo que vamos apresentar apenas algumas teses centrais da obra de Marx que interessam mais diretamente aos propósitos deste livro e a respeito das quais existe um consenso razoável.

No que diz respeito ao método, cabe dizer que *marxismo* é o termo usado para fazer referência ao "materialismo histórico-dialético[m]", método filosófico e científico que Marx estruturou a partir de uma interpretação materialista da dialética[m] de Hegel. Assim como Schelling, cujas ideias já comentamos, Hegel construiu um sistema filosófico totalizante, que partia da dedução transcendental de um "absoluto" para demonstrar, por meio de uma série de procedimentos discursivos e dedutivos, como essa essência se manifesta concretamente na natureza e na história. Para Hegel, esse ser incondicionado é a razão, que se manifesta na história humana como um processo dialético, ou seja, um movimento ininterrupto de contradição e superação de conceitos: inicialmente temos uma tese, a qual é depois contraposta por uma antítese, ou seja, uma explicação que nega sua validade; posteriormente, ambas são substituídas pela síntese, uma ideia que nega as anteriores, ao demonstrar o que há de falsidade nelas, mas que ao mesmo tempo retém seus elementos de verdade e ainda as supera em termos de racionalidade explicativa; cedo ou tarde, porém, essa síntese encontra também sua antítese, e assim o pensamento vai progredindo por negações e superações. Portanto, a história humana é um movimento dialético de crescente racionalização das formas de organização da sociedade, um processo pelo qual a razão, manifesta na moral, nos costumes e sobretudo no Estado, desenvolve--se por meio da contradição e superação de ideias e valores políticos. Era assim que Hegel explicava um processo histórico com resultados bastante visíveis, que é a crescente penetração das normas jurídicas em todos os campos da vida social: "embora a legalidade já esteja presente no costume, somente ao ser formulada pelas instituições políticas é que ganha plena racionalidade e, por conseguinte, existência determinada e concreta. O que vale a posse da terra se não for reconhecida em cartório?" (Giannotti, 1966, p. 15).

Nesse contexto, a dialética materialista de Marx se constitui primeiramente pela proposição de que não é a evolução do pensamento que determina a história, mas, pelo contrário, são as transformações históricas que determinam mudanças nos modos de pensar. Essa é uma tese materialista que, avaliada nesse nível muito geral, não representa nenhuma novidade filosófica. No entanto, o materialismo de Marx difere dos anteriores por não ser mecanicista, e sim reflexivo, pois parte do pressuposto de que o homem é um ser essencialmente prático e social. Ele expôs essa visão do homem da seguinte forma: "a falha capital de todo materialismo até agora [...] é captar o objeto, a efetividade, a sensibilidade apenas sob a forma de *objeto ou de intuição*, e não como *atividade humana sensível*, práxis; só de um ponto de vista subjetivo" (Marx, 1985b, p. 51-52). Para esse autor, o homem se transforma em sujeito, se humaniza, ao transformar a natureza pelo trabalho, pois é assim que ele explicita suas qualidades e potencialidades. Mas as condições sob as quais o trabalho se realiza são determinadas pelo conjunto das relações sociais vigentes num contexto histórico dado, bem como pelo nível de desenvolvimento das forças produtivas, isto é, pelo desenvolvimento econômico e tecnológico alcançado pela sociedade. Por isso Marx (1985b, p. 51-52) afirma que "a essência humana não é o abstrato residindo no indivíduo único. Em sua efetividade é o conjunto das relações sociais".

Numa sociedade dividida em classes, portanto, o trabalho não seria uma atividade libertadora, mediante a qual o homem explicita suas potencialidades criativas, mas sim trabalho alienado, trabalho para outros. Somente numa sociedade desprovida de classes e da propriedade privada dos meios de produção e na qual o desenvolvimento das forças produtivas libere o homem da necessidade de trabalhar longos períodos para obter seu sustento da natureza, é que estariam dadas as condições objetivas pelas quais o homem poderia se fazer plenamente humano. São essas as premissas para uma leitura materialista da história segundo a qual esta se constitui como um processo determinado pela dialética da luta de classes.

Embora as classes sociais não possam existir separadamente, por serem os elementos que estruturam as relações de produção vigentes numa dada sociedade, elas possuem interesses inconciliáveis, pois a instituição da propriedade privada estabelece uma divisão do trabalho na qual uma classe é forçada a trabalhar para outra classe, a qual controla os processos de trabalho e o excedente econômico produzido pela sociedade. É por isso que Marx atribuía ao proletariado o *status* de classe revolucionária que, pela primeira vez na história, lutaria para abolir todas as classes: porque a inserção dos operários em processos produtivos caracterizados por uma divisão intensiva do trabalho era uma condição para que tomassem consciência da contradição fundamental do modo de produção capitalista, que seria a apropriação privada de uma riqueza cuja produção é cada vez mais socializada. As contradições inerentes às sociedades organizadas em classes engendrariam, assim, as condições para a sua própria superação dialética, até chegar ao comunismo, uma sociedade sem classes.

Essa tese é um bom exemplo para demonstrar como os pressupostos do materialismo histórico dialético foram aplicados na construção de uma teoria crítica do capitalismo e, ao mesmo tempo, de uma teoria da revolução social. No entanto, Marx afirmava que o modo de produção capitalista difere dos anteriores porque prescinde da aplicação de mecanismos políticos e coercitivos para realizar a exploração do trabalho, já que, pelo contrário, a relação de produção capitalista por excelência é o **assalariamento**. Daí a necessidade de demonstrar que o trabalhador assalariado não é livre como parece à primeira vista, e que o pagamento de salários oculta um mecanismo econômico de exploração do trabalho. Para chegar a tanto, Marx efetuou uma análise crítica da economia política, a partir da qual reformulou a teoria do valor-trabalho que havia sido desenvolvida de Adam Smith (1723-1790) a David Ricardo (1772-1823). Ele adotou o pressuposto clássico de que o valor das mercadorias é determinado pelo tempo de trabalho socialmente necessário para produzi-las, mas introduziu a teoria de que a origem do lucro é a apropriação de parte da mais-valia gerada no processo produtivo sendo, portanto, tempo de trabalho não pago[*]. Nesse sentido, como o modo de produção capitalista se caracteriza pela separação total entre o trabalhador e os meios de produção, disso resulta que os trabalhadores são forçados a se submeter ao assalariamento para sobreviver, já que não

---

[*] A caracterização do assalariamento como uma forma de exploração do trabalho, é controversa. A teoria marginalista[III], segundo a qual o valor é definido pela utilidade das mercadorias e pela relação entre oferta e procura, nega tal visão. E mesmo no interior do marxismo há muitas polêmicas sobre a natureza da exploração do trabalho, sobretudo no que diz respeito ao capitalismo atual. Mas, como essa questão está fora dos objetivos deste livro, não faremos aqui o resumo da teoria da mais-valia de Marx.

possuem nenhuma outra mercadoria para vender além da sua própria força de trabalho.

Mas isso não quer dizer que a teoria do valor de Marx se constrói em paralelo às suas discussões metodológicas. Na verdade, ao adotar a teoria do valor-trabalho formulada pelos economistas clássicos, Marx a integrou num contexto epistemológico muito diferente, no qual a "dialética hegeliana" qualifica a matéria como "uma contradição que, ao mesmo tempo, se apresenta como objeto útil, um valor de uso, e como um objeto útil para outrem, a saber, um valor de troca" (Giannotti, 1985, p. XVII). A principal obra de teoria econômica de Marx, O capital, sendo o produto da aplicação do método marxista à formulação de uma teoria crítica do capitalismo, é, assim, um trabalho necessariamente datado. Como o próprio Marx assegurou várias vezes, o objetivo desse livro era explicar as leis de funcionamento do capitalismo, de sorte que a sua validade terminaria quando se extinguisse seu objeto, que é o próprio capitalismo. E, se as leis que regem uma sociedade são sempre estabelecidas historicamente, assim como as teorias que as explicam, disso resulta a importância central que a perspectiva histórica desempenha no método marxista: somente pelo estudo da história é possível explicar a formação das condições sociais necessárias para a operação das leis de funcionamento do capitalismo ou de qualquer outro modo de produção.

Marx e Engels procuravam demonstrar a eficácia explicativa dessas teorias com base em estudos sobre as lutas políticas movidas por camponeses e outras classes trabalhadoras durante a Idade Média e ao longo da constituição do capitalismo. O maior destaque, porém, era dado às condições de vida e de trabalho dos operários das indústrias inglesas no século XIX e para as experiências revolucionárias ocorridas no período que vai da Revolução Francesa até os movimentos de 1848. Na verdade, eles próprios participaram ativamente das lutas políticas de sua época como militantes de partidos e organizações de esquerda. Basta ver que

Marx foi um dos fundadores da Internacional Comunista, na qual travou grandes polêmicas teóricas e políticas com militantes socialistas e anarquistas de várias tendências. Essa ação militante era um pressuposto fundamental da teoria do conhecimento contida no materialismo histórico dialético, a qual valoriza a ação prática como condição para produzir um conhecimento objetivo da realidade social: "a questão se cabe ao pensamento humano uma verdade objetiva não é teórica, mas *prática*. É na práxis que o homem deve demonstrar a verdade [...]" (Marx, 1985a, p. 51). Vem daí a ideia, afirmada por todas as correntes marxistas, de que o "critério da verdade" das teorias científicas é a **prática**, ou seja, a correspondência entre os postulados teóricos e o desenvolvimento concreto das lutas políticas, vinculadas às condições de vida e de trabalho das classes subalternas.

Nesse contexto, podemos concluir que o marxismo se constituiu numa síntese crítica de duas importantes vertentes intelectuais, que eram o idealismo germânico e a economia política inglesa, com as experiências políticas radicais que eclodiram a partir da Revolução Francesa, síntese essa guiada pelo objetivo manifesto de formular uma teoria crítica da "sociedade burguesa" que operasse também como fundamento do "socialismo científico". Assim, à luz desse brevíssimo resumo dos pressupostos de Marx, podemos fazer algumas observações sobre as características epistemológicas mais importantes do materialismo histórico dialético em comparação com outras correntes de pensamento comentadas até agora.

Assim como o idealismo germânico, o marxismo distingue a aparência e a essência dos fenômenos, mas não por fazer referência a algum conceito metafísico de *absoluto*, e sim por afirmar que a reprodução de uma sociedade de classes como a capitalista é possível unicamente sob condições econômicas, socioculturais e políticas que ocultem seus mecanismos de exploração e de dominação. Exemplo claro disso é o conceito de *fetichismo da mercadoria* formulado por Marx, segundo o qual, numa sociedade baseada na instituição da propriedade privada, o comércio de mercadorias cria a ilusão de que o valor é uma característica inerente aos objetos trocados, quando na verdade é uma relação social que ocorre pela mediação dos objetos; quer dizer, uma relação social em que diferentes quantidades de tempo de trabalho são comparadas pela troca de mercadorias. Em Marx (1985a, p. 32-48), a distinção entre o "aparente" e o "essencial" nos fenômenos se refere ao pressuposto racionalista de que é possível captar, pelo uso de um método adequado, a objetividade e identidade de categorias de análise que são entendidas como abstrações reais, assim como o sentido das transformações históricas que essas categorias engendram como elementos de uma realidade tida como contraditória.

Sendo assim, uma segunda característica a comentar é que o marxismo se diferencia do positivismo clássico por sustentar que o deslindamento das lógicas subjacentes aos fenômenos sociais depende da aplicação de um método que contém pressupostos filosóficos explícitos, como vemos na concepção materialista e dialética do conhecimento e da sociedade. Na ótica marxista, a observação supostamente despida de pressupostos não é capaz de ir além da reprodução de concepções próprias do senso comum, ainda que com um grau mais elevado de coerência lógica e empírica, sendo, portanto, inadequada para a construção de uma crítica "de raiz" à sociedade capitalista. Esse tipo de crítica ao positivismo transparece claramente nos debates teóricos travados pelos autores marxistas em seus respectivos campos de atuação científica, como é o caso, por exemplo, das contestações lançadas pelos geógrafos críticos contra a geografia tradicional e a quantitativa, conforme se verá mais adiante.

Apesar disso, o marxismo partilha com o positivismo do espírito cientificista do século XIX, pois se propõe a construir teorias explicativas das leis de funcionamento do capitalismo pela aplicação de um método que se apresenta como o único verdadeiramente objetivo, teorias essas que fundamentariam também um "socialismo científico". Afinal, Marx e Engels eram claros ao dizer que todos os discursos científicos, filosóficos, políticos etc. que negam a existência de interesses de classe inconciliáveis e/ou que apresentam os interesses de uma classe como interesses gerais da sociedade nada mais são do que ideologias a serviço da manutenção do capitalismo. É certo, claro, que esses autores também negavam ser possível prever em detalhes como deveria ser organizada uma sociedade comunista, já que o vínculo necessário entre a teoria e a práxis imporia a vigência consumada de uma sociedade sem classes para possibilitar tal teorização.

No entanto, sustentavam que suas teorias provavam cientificamente a viabilidade e necessidade de realizar um projeto socialista cujos fundamentos básicos eram a abolição da propriedade privada dos meios de produção, das classes sociais e, num momento posterior, também do Estado. Não surpreende que diversos autores marxistas, mesmo nos dias de hoje, contraponham a lógica de funcionamento dos mercados à racionalidade do "planejamento social abrangente" e proclamem a necessidade de uma "engenharia social" para superar as atuais "contradições" do capitalismo (Paulo Netto, 2001, p. 82). Por fim, vale destacar a visão favorável que Marx tinha do desenvolvimento das forças produtivas, conforme já comentamos, a qual reflete a confiança no progresso econômico e tecnológico típica do ambiente cultural da Europa do século XIX.

Em resumo, podemos concluir que o marxismo reproduz a racionalidade do modelo normativo de ciência, pois sustenta a possibilidade de elaborar teorias gerais e objetivas a partir da aplicação de um método rigoroso. No entanto, os pressupostos a partir dos quais essa objetividade é afirmada pelo marxismo são bem diferentes daqueles estabelecidos pelas correntes positivistas. Em primeiro lugar, porque o marxismo sustenta ser necessário adotar certos pressupostos filosóficos para orientar o estudo dos fenômenos, cuja lógica não se revela de imediato à observação. Em segundo lugar, porque nega e inverte o princípio da neutralidade. Nega quando estabelece ser impossível a produção de conhecimento científico isento de valores, concluindo, assim, que há um vínculo indissociável entre ciência, ética e política, pois ou se produz um conhecimento crítico radical ou um conhecimento que colabora para a manutenção do capitalismo. Inverte ao afirmar que a prática social é o "critério da verdade" das teorias científicas – se a objetividade do conhecimento depende da prática, então uma teoria crítica deve ser vista como objetiva justamente por assumir-se como um conhecimento interessado em servir de guia para a transformação social.

É por essas características racionalistas e cientificistas, bem como pela valorização do progresso e das rupturas revolucionárias, que a obra de Marx se situa claramente entre os movimentos modernos. Embora seja impossível precisar um evento histórico inaugural da modernidade[m], do século XVIII em diante, surge na Europa Ocidental, um conjunto de concepções e de valores intelectuais, políticos, estéticos e morais que compõem o que se pode chamar de *espírito moderno*, o qual se define pelas seguintes características principais:

a. por atribuir à razão um caráter totalizante e universal, no sentido de poder explicar todos os fenômenos naturais e sociais e de instituir princípios de ordenamento da vida em sociedade válidos em qualquer lugar;
b. pela contraposição do novo ao tradicional;
c. pela valorização das rupturas históricas.

Não surpreende que o marxista Marshall Berman (1986) tenha qualificado Marx como o mais radicalmente moderno dos pensadores. Nesse sentido, o marxismo, como tradição intelectual e política que tem seu elemento de identidade na referência à obra de Marx, pode ser qualificado como a vertente da teoria social crítica mais fortemente inspirada pelas ideias modernas. Entre o final do século XIX e as primeiras décadas do século passado, o marxismo se tornou hegemônico dentro dos movimentos políticos revolucionários, pois as correntes anarquistas e as outras variantes do socialismo (que o próprio Marx acusava de não científicas, isto é, *utópicas*) perderam relevância. Na esfera acadêmica, a influência do marxismo, em que pesem seus avanços e recuos, bem como as diferenças óbvias de um país para outro, atingiu seu ponto alto nas décadas de 1960 e 1970. Daí em diante, e especialmente a partir do início dos anos 1990, há um inegável refluxo do marxismo nas ciências sociais e, como o leitor vai ver adiante, também na geografia.

Não é o caso de discutir aqui as razões da crise teórica e prática do marxismo, pois essa é uma questão bastante polêmica e sobre a qual já existe uma extensa bibliografia. Mas vale a pena mencionar alguns fatores gerais que contribuíram para tanto, que são, de um lado, o naufrágio das experiências de socialismo real e, de outro, as muitas discrepâncias entre o desenvolvimento do capitalismo ao longo do século XX e as previsões contidas nas obras de Marx e de seus seguidores sobre as tendências que esse processo deveria seguir (Singer et al., 1991). A esse respeito, podemos indicar, como leitura introdutória sobre as maneiras pelas quais os marxistas têm lidado com essa questão, um interessante debate intitulado *Adeus ao socialismo*[*]?. Um outro tipo de explicação, próprio das correntes de pensamento chamadas *pós-modernas*, é que a crise do socialismo real e do marxismo são apenas expressões particulares de uma crise da razão e, portanto, da própria modernidade. Nesse sentido, o pós-modernismo faz a crítica tanto das experiências de socialismo real quanto do capitalismo e do Estado na medida em que a economia de mercado, a democracia representativa e as políticas estatais seriam mecanismos de uma racionalidade instrumental e autoritária que visa homogeneizar os indivíduos e grupos sociais. No âmbito do debate

---

[*] O debate *Adeus ao Socialismo* se deu em 9 de abril de 1991, na Cebrap (Centro Brasileiro de Análise e Planejamento), em São Paulo. O debate foi publicado na revista *Novos Estudos*, em sua 30ª edição, em julho de 1991.

científico, as epistemologias classificáveis como *pós-modernas* se apresentam em oposição frontal tanto às correntes marxistas quanto às positivistas, pois o foco de suas críticas é justamente a racionalidade do modelo normativo de ciência, que estabelece a possibilidade de formular proposições objetivas expressas numa linguagem lógica (matemática ou discursiva) e a partir da aplicação de métodos rigorosos.

Por essa rápida introdução, já é possível perceber que o pós-modernismo não constitui uma corrente político-ideológica definida e muito menos uma escola de pensamento filosófico e/ou científico. Nem poderia ser diferente, já que *modernismo* e *pós-modernismo* não são conceitos científicos operacionalizáveis para o estudo de objetos precisos, mas sim expressões que designam certas concepções fundamentais que pautam as reflexões e condutas intelectuais, políticas, morais e estéticas. Portanto, o único denominador comum entre as correntes de pensamento pós--modernas é a crítica da razão e, por conseguinte, das características básicas da ciência e do pensamento modernos.

No que diz respeito ao debate epistemológico, muitas críticas pós-modernas à ciência normativa consistem em atualizações dos argumentos utilizados pelo romantismo e outras correntes antirracionalistas, desde o século XVIII: nega-se a validade das leis ou teorias gerais, bem como dos procedimentos padronizados de pesquisa científica; criticam-se o princípio da unidade do método e a separação rígida entre sujeito e objeto (especialmente no que diz respeito às ciências humanas e sociais); em lugar de conceder um *status* de exclusividade à razão e à linguagem lógica como ferramentas de conhecimento, afirma-se o papel da intuição, da imaginação e da empatia do pesquisador; contra as generalizações abstratas, valoriza-se a compreensão de situações únicas inseridas em contextos complexos e assim por diante (Gomes, 2003, p. 32-36).

Mas isso não significa que, à semelhança do romantismo, as correntes pós-modernas reivindiquem uma ciência metafísica, capaz de alcançar o conhecimento de uma "essência" que existiria além dos fenômenos. Muito pelo contrário o pós-modernismo nega a distinção entre aparência e essência, tanto no sentido romântico como também no sentido racionalista de certas correntes da ciência moderna. Para os teóricos pós-modernistas,

> não existe uma realidade primordial, subjacente ao mundo dos fenômenos. O que existe é o simulacro, a construção de uma realidade outra. Não a "descoberta" de um nível mais profundo de explicação do real, mas a "invenção" de um outro real. Não se trata simplesmente de negar o valor das teorias modernistas, mas de perceber seu verdadeiro alcance. (Vasconcelos, 2008, p. 2)

Dentre todas as refutações pós-modernistas à ciência normativa, porém, as que nos interessam mais de perto são aquelas que negam o princípio da neutralidade científica pela ótica da teoria social crítica. Ou melhor, aquelas segundo as quais todo discurso científico é um veículo de poder e que, sendo assim, o posicionamento explícito do pesquisador em favor dos "dominados" constitui o principal elemento de validação das suas conclusões. De fato, para esses críticos mais radicais da modernidade, o objetivo das ciências sociais era elaborar discursos que justificassem o poder exercido pelos grupos dominantes das sociedades ocidentais sobre as mulheres, as crianças e as minorias étnicas e religiosas, sem falar no domínio que os países industrializados imporiam ao resto do mundo (Claval, 2002, p. 29). O sociólogo Boaventura de Souza Santos pode ser enquadrado nessa categoria, pois, apesar do seu pensamento ser classificável como *pós-moderno*, comunga com o marxismo do objetivo de integrar a reflexão política à reflexão teórico-metodológica. Isso se manifesta quando o autor contrapõe a "ciência hegemônica" à sua proposta de

> uma outra ciência menos imperial e mais multicultural, de uma outra relação mais igualitária entre conhecimentos alternativos (práticos, de

senso-comum, tácitos, plebeus etc.) e, sobretudo, a possibilidade de pôr essa constelação de conhecimentos a serviço da luta contra as diferentes formas de opressão e de discriminação [...]. (Santos, 2002, p. 21)

Não é fortuito, portanto, que esse tipo de criticismo pós-moderno tenha ganhado força a partir de 1970, à medida que se acirrava a crise do marxismo: trata-se aí de um discurso que reproduz a crítica marxista à "ciência burguesa", mas com a diferença de que substitui as classes sociais e seus interesses econômicos por um conflito mais amplo e difuso entre os grupos sociais "dominantes" e as minorias sociológicas. Mesmo no plano da reflexão estritamente política se nota essa proximidade de certas propostas pós-modernas e marxistas dentro do que estamos denominando *teoria social crítica*. Realmente, embora Santos recuse as experiências socialistas do passado e admita que não existe clareza sobre como deve ser o "socialismo do século XXI", ele apresenta o que poderiam ser as linhas gerais de um projeto socialista nos seguintes termos:

Um regime pacífico e democrático assente na complementaridade entre democracia representativa e democracia participativa; legitimidade da diversidade de opiniões, não havendo lugar para a figura sinistra do "inimigo do povo"; modo de produção menos assente na propriedade estatal dos meios de produção que na associação de produtores; regime misto de propriedade em que coexistem propriedade privada, estatal e coletiva (cooperativa); concorrência por um período prolongado entre a economia do egoísmo e a economia do altruísmo, digamos, entre Microsoft Windows e Linux; sistema que saiba competir com o capitalismo na geração de riqueza e lhe seja superior no respeito à natureza e na justiça distributiva; nova forma de Estado experimental, mais descentralizada e transparente, de modo a facilitar o controle público do Estado e a criação de espaços públicos não estatais; reconhecimento da interculturalidade e da plurinacionalidade (onde for o caso); luta permanente contra a corrupção e os privilégios decorrentes da burocracia ou da lealdade partidária; promoção da educação, dos conhecimentos (científicos e outros) e do fim das discriminações sexuais, raciais e religiosas como prioridades governativas. (Santos, 2007)

Esse autor é provavelmente o mais citado nos trabalhos publicados no *site* do IX Colóquio Internacional de Geocrítica (realizado na cidade de Porto Alegre em maio de 2007) quando se trata de discutir a viabilidade das utopias – a palavra *utopia* é atualmente usada pela teoria social crítica com uma conotação positiva. Evidência clara de que a geografia crítica, assim como outras vertentes inspiradas pelo marxismo, vem se tornando epistemologicamente mais eclética para renovar e ampliar os pressupostos da crítica ao capitalismo. Devemos então definir melhor essa tendência da geografia contemporânea para entender as transformações que vem sofrendo nas últimas décadas.

4.3 Identidade e unidade da geografia crítica

Embora uma grande quantidade de livros, teses e artigos científicos publicados nos últimos trinta anos façam uso de expressões como *geografia crítica* ou *radical*, há muitas discussões sobre a pertinência ou não dessas expressões para designar com propriedade uma corrente de pensamento. Alguns sugerem que o mais correto seria usar sempre o plural *geografias críticas*, a fim de dar conta da grande diversidade epistemológica dos autores e abordagens que a constituem.

Em novembro de 2001, durante uma mesa redonda sobre o tema *Geografia crítica*, a qual fazia parte do I Colóquio Nacional de Pós-Graduação em Geografia, o sentido dessa expressão foi questionado, assim como a própria existência, ao menos no Brasil, de uma corrente de pensamento geográfico que possa ser designada dessa forma. Afirmou-se até que a proposta dos geógrafos há cerca de 30 anos empreenderam uma renovação profunda da geografia brasileira nunca foi a de estabelecer uma nova vertente de análise geográfica designada pelo termo *crítica*, pois o que havia de comum nos trabalhos produzidos entre o final dos anos 1970 e início dos 1980 seria apenas "uma certa criticidade", isto é, um espírito crítico na análise da produção geográfica realizada até então e dos problemas da sociedade capitalista. No texto que preparou para a mesa redonda, o geógrafo Ruy Moreira destacou que havia muitas expressões que foram aplicadas para indicar as propostas de reformulação da geografia apresentadas naquela época, tais como *renovação geográfica* – a qual o próprio Moreira (2002, p. 47) vem utilizando nos últimos anos –, *geografia radical, libertária* etc. Desse modo, *geografia crítica* seria tão somente o mais usual dos rótulos empregados para designar a mudança que vinha ocorrendo e a maneira de produzir conhecimento geográfico até então, sem, entretanto, configurar uma proposta explícita e consistente de edificação de uma nova corrente da geografia.

Este é um ponto que necessita, sem dúvida, ser discutido, pois os geógrafos contemporâneos há muito se habituaram a ler e escrever expressões como *geografia crítica* ou *radical* antecedidas do artigo *a*, o que sugeria existir ou estar em construção uma vertente diferenciada de análise geográfica que seria designada desse modo. Teria havido uma má interpretação da maioria dos geógrafos em relação ao que de fato estava sendo proposto pelos pioneiros dessa geografia que se convencionou chamar de *crítica*, ou será que aqueles autores na verdade procuraram sim estabelecer uma nova vertente de análise geográfica designada por expressões como essas, tentativa que, entretanto, não foi muito bem-sucedida ou que já se esgotou pelo próprio sucesso?

Realmente, não há como negar que adjetivos como *crítica* e *radical* não informam diretamente a respeito de que tipo de análise se trata, num sentido epistemológico, na medida em que não remetem explicitamente a nenhuma matriz específica de pensamento filosófico, ao contrário do que ocorre com denominações como *geografia marxista, positivista* ou *neopositivista*, entre outras. No fundo, é o significado impreciso da palavra *crítica* que explica sua natureza polêmica no bojo da "tendência do pensamento geográfico" qualificada por essa palavra (Sposito, 2002, p. 64). Apesar disso, foi justamente por essa imprecisão que a expressão *geografia crítica*, mostrou-se adequada para designar um conjunto metodologicamente heterogêneo de trabalhos (Moraes, 1984).

Mas por que os geógrafos utilizaram-se tanto dessa gama de expressões aqui analisadas com o fim de nomear uma maneira alternativa de produzir conhecimento geográfico? Não haveria denominadores comuns importantes entre os muitos autores que assim procederam, o que permitiria classificá-los como representantes de uma vertente específica da disciplina, a qual se convencionou denominar por aquela expressão?

Várias respostas foram e continuam sendo dadas a essas questões. Com base no cotejo de vários trabalhos (Campos, 2001; Vesentini, 1986, 2001; Andrade, 1994, p. 76; Abreu, 1994, p. 59; Oliveira, 1991; Moraes, 1984), podemos afirmar que o principal elemento comum entre os geógrafos críticos era a intenção de revolucionar a geografia para transformá-la numa ciência social capaz de elaborar uma crítica radical do capitalismo pelo estudo do espaço e das formas de apropriação da natureza (Diniz Filho, 2002).

Realmente, todos os nomes associados à geografia crítica, tais como Lacoste (1929-), David Harvey (1935-) e Milton Santos (1926-2001), sobressaíram-se por suas severas críticas epistemológicas e ideológicas das vertentes tradicional e quantitativa. Com base nessas críticas, propunham que somente a partir de uma ruptura com o paradigma teórico-metodológico da disciplina seria possível torná-la capaz de desvelar as determinações sociais por detrás da aparência dos fenômenos, para assim elaborar teorias científicas de fato e informar a construção de projetos políticos voltados para uma transformação radical da sociedade. Para percebermos isso, basta lembrarmos a forma como os geógrafos anglo-saxões se utilizaram explicitamente da palavra *revolução* para qualificar o teor das mudanças que propunham introduzir mediante a incorporação do marxismo à disciplina e o sentido político de que a militância dos geógrafos se revestiria com base na abordagem marxista. Outra demonstração desse projeto revolucionário estava na proposta de Milton Santos de formular uma **geografia nova**, partindo da ideia de que o espaço é o objeto de estudo da geografia, e chegando a conjeturar que tal mudança implicaria uma transformação tão radical nessa ciência que poderia tornar conveniente mudar sua denominação para *espaciologia* (Diniz Filho, 2003, p. 311).

Em função disso, a unidade da geografia crítica se definia principalmente por alguns pressupostos centrais estabelecidos pelos representantes dessa corrente ao formular suas críticas à sociedade capitalista e a todas as demais vertentes da disciplina. Em suas reflexões sobre essa questão, por exemplo, José William Vesentini (1985, p. 56-57) identificou três alternativas para a superação da crise da geografia, a saber: a especialização do geógrafo num ramo particular da disciplina, como a geomorfologia ou a climatologia, a "geografia utilitária ou de planejamentos (seja a 'new geography', aquela voltada para o '*aménagement du territoire*' ou qualquer outra forma de geografia tecnocrática)" e, por fim, "a geografia crítica ou radical". Ao comparar essas alternativas, destacando o ponto de vista do ensino, o autor sustenta que a especialização em ramos específicos, por levar a autonomização deles, constituiria a própria morte da disciplina, na medida em que levaria à perda da perspectiva de totalidade que embasa os estudos geográficos, a qual diz respeito à "sociedade em sua espacialização e a segunda natureza". Além disso, a especialização seria uma alternativa apenas para pesquisadores, não para os profissionais do sistema de ensino. Do mesmo modo, a alternativa representada pela nova geografia e pela geografia ativa em nada diz respeito aos professores, mas apenas às grandes instituições estatais ou privadas e, assim,

> para os planos de reordenação espacial visando a reprodução do capital. [...] E, finalmente, o terceiro caminho parece-nos o mais profícuo, tanto para a crítica à geografia moderna e sua reconstrução, como para a renovação do ensino da geografia. Trata-se de uma geografia que concebe o espaço geográfico como espaço social, construído, pleno de lutas e conflitos sociais. Ele critica a geografia moderna no sentido dialético do termo crítica: superação com subsunção, e compreensão do papel histórico daquilo que é criticado. Essa geografia radical ou crítica coloca-se como ciência social, mas estuda também a natureza enquanto recurso apropriado pelos homens e enquanto uma dimensão da história, da política. No ensino, ela preocupa-se com a criticidade do educando e não em "arrolar fatos" para que ele memorize. Suas fontes de inspiração vão desde o marxismo (especialmente o do próprio Marx) até o anarquismo (onde se 'recuperam' autores como Elisée Reclus e Piotr Kropotkin), passando por autores como Michel Foucault [...], Claude Lefort, Cornelius Castoriadis, André Gorz [...], Henri Lefebvre e outros. Mas, sobretudo inspira-se na compreensão transformadora do real, na percepção da política do espaço. Essa geografia é ainda embrionária, especialmente no ensino. Mas é a geografia que devemos, geógrafos e professores, construir. (Vesentini, 1985, p. 56-57)

Com base nas considerações que fizemos até aqui, é perfeitamente justificável indicar a existência de uma corrente da geografia cujos representantes se distinguem dos demais, e se identificam entre si, por apresentarem, senão todas, a maioria das características arroladas abaixo:

1. Utilizaram expressões como *geografia crítica ou radical, da libertação* e *subversiva* para mostrar que estavam elaborando uma forma inovadora de produzir e ensinar conhecimento, mediante a

utilização de paradigmas epistemológicos com forte conteúdo de crítica ao capitalismo, a introdução de novas temáticas e o estabelecimento de um estreito vínculo entre ciência, ética e política (Soja, 1993, p. 93; Oliveira, 1991; Wettstein, 1991, p. 134; Moraes, 1988, 1984, 1985; Vesentini, 1984, 1985, 1986; Quaini, 1983, p. 139; Santos, 1978, 1980, 1982). Em alguns casos, propunha-se que essa inovação passava também pelo resgate de geógrafos "marginalizados" – sobretudo Reclus, mas também Kropotkin (Oliveira, 1991, p. 140; Vesentini, 1986) – e/ou de certas tradições de pensamento social rejeitadas pelas demais vertentes da geografia como o iluminismo e o marxismo (Quaini, 1983, p. 121-126).

2. Em contraposição aos postulados clássicos da geografia como "ciência de síntese" ou "ciência de contato", classificaram a geografia explicitamente como uma ciência social, mas que tem no estudo do espaço produzido pela sociedade e das formas de apropriação da natureza a base de sua autonomia epistemológica em relação às outras ciências sociais (Vesentioni, 1984, 1985; Costa; Moraes, 1984; Moraes, 1984; Quaini, 1983, p. 54; Santos, 1978; Harvey, 1980; Moreira, 1979).

3. Consequentemente, estabeleceram a categoria *espaço social*, ou simplesmente *espaço*, como central na nova geografia que estavam propondo. A visão humanizada e politizada do espaço se contraporia aos conceitos meramente empíricos, abstratos e não históricos usados pelas demais vertentes da geografia, tais como os de *espaço terrestre* e de *organização espacial*. Para a maioria dos geógrafos críticos, o objeto de estudo da disciplina seria definido pela categoria *espaço* (Santos, 1991, p. 60; Carlos, 1982, 1989, p. 13; Costa; Moraes, 1984; Rodrigues, 1984, p. 23; Carlos; Rossini, 1983, p. 7-8; Costa, 1983, p. 50-52; Santos, 1978, 1980, p. 85, 1982; Harvey, 1980, 1982; Moreira, 1979, p. 6).

4. A partir dessa visão, procuraram demonstrar que os problemas socioespaciais e ambientais investigados pelos geógrafos eram causados pela lógica de funcionamento do capitalismo. Isso significa que a geografia seria capaz de elaborar uma crítica radical ao capitalismo por meio de estudos sobre o espaço e/ou das relações sociedade-espaço (Santos, 1991, p. 71-76; Carlos, 1982, p. 106-107, 1989, p. 17-19; Gonçalves, 1989, p. 97; Moraes, 1984; Oliveira, 1982, 1987, p. 81-83; Vesentini, 1984, 1985; Rodrigues, 1984; Carlos; Rossini, 1983, p. 13-16; Quaini, 1983, p. 53; Gomes, 1982; Gonçalves; Azevedo, 1982; Seabra, 1982; Harvey, 1980, 1982; Santos, 1980, p. 83-84, 87; Moreira, 1979).

5. Sendo assim, negaram ou minimizaram a possibilidade do planejamento estatal "responder" adequadamente a esses problemas, pois diziam que somente uma transformação radical da sociedade (isto é, a superação do capitalismo) poderia efetivamente resolvê--los. Pelo contrário, os geógrafos críticos eram taxativos em afirmar o papel intrinsecamente reacionário do planejamento territorial, que seria só um instrumento do Estado monopolista para assegurar a acumulação de capital e a dominação ideológica burguesa (Santos, 1991, p. 64; Lacoste, 1989; Oliveira, 1987, p. 81-83; Vesentini, 1985; Moraes, 1984; Rodrigues, 1984, p. 42-43; Gomes, 1982, p. 50; Gonçalves; Azevedo, 1982, p. 32-34; Moreira, 1979).

6. Acusaram todas as demais vertentes da geografia de produzirem teorias justificadoras dos fenômenos por elas investigados e propuseram que a geografia crítica se diferenciaria justamente por demonstrar o caráter histórico, e por isso potencialmente transformável, da realidade socioespacial. Assim, os estudos produzidos pelas outras correntes seriam nada mais que ideologias legitimadoras dos interesses das "classes dominantes" e máscaras ideológicas destinadas a ocultar a própria existência de

interesses de classe inconciliáveis. Já a perspectiva crítica estaria alinhada com os interesses das "classes dominadas" e exerceria uma militância voltada para a realização de uma utopia social libertadora (Corrêa, 1991, p. 20, 49; Santos, 1991, p. 73; Gonçalves, 1989, p. 102; Oliveira, 1982, p. 106, 1984, 1987, p. 83; Vesentini, 1984, 1985; Moraes, 1984; Gomes, 1982, p. 45, 54; Carlos; Rossini, 1983, p. 9; Quaini, 1983, p. 43-56, 142-144; Gonçalves; Azevedo, 1982, p. 23-25, Santos, 1982).

7. Apresentaram a geografia renovada como um instrumento de transformação social e postularam a necessidade de uma ação militante dos geógrafos para que o potencial revolucionário da geografia pudesse realizar-se, bem como para substantivar a unidade entre teoria e práxis. Essa militância se exerceria pela atuação dos professores nos debates acadêmicos internos à geografia (mediante a crítica teórica e ideológica dos discursos produzidos pelos próprios geógrafos) e ainda na análise questionadora de todas as formas de discurso de poder, fosse ele político, científico, religioso etc (Lacoste, 1989; Moraes, 1985, 1988; Vesentini, 1984, 1985; Moreira, 1979, 1982).

Além de todos esses pressupostos comuns aos vários geógrafos identificados e/ou autoidentificados como críticos ou radicais, devemos apontar ainda um outro denominador comum à grande maioria dos autores desse grupo, que é a larga e incisiva influência do marxismo, conforme se verifica pela análise de Gomes (2003, p. 274-303) sobre o "horizonte da crítica radical". Mas a influência marxista vai além da superioridade numérica dos geógrafos que se propunham a redefinir as bases teórico-metodológicas da geografia por intermédio direto do marxismo, manifestando-se também nas obras de autores que nunca se propuseram a formular uma geografia marxista de fato. Uma análise sucinta da formação da geografia crítica na França, Estados Unidos e Brasil é o bastante para revelar as várias formas dessa influência.

Lacoste, uma das figuras pioneiras da geografia crítica, manteve relações bastante ambíguas com o marxismo. Por um lado, ele advertia quanto aos riscos que a incorporação do marxismo à geografia poderia trazer na medida em que, não havendo uma preocupação de Marx em teorizar os fenômenos relacionados ao espaço, disso poderia resultar a incapacidade da geografia explicar autonomamente tais fenômenos, pois toda explicação derivaria inevitavelmente da teoria econômica marxista ou da análise histórica (Lacoste, 1989, p. 140-152). Por outro lado, a ninguém escapa a nitidez com que certas ideias e categorias marxistas influenciaram sua obra, tais como o conceito de ideologia como *falsa consciência*, comentários sobre a crise do capitalismo e a proposta explícita de associar o resgate dos estudos geopolíticos a uma "pedagogia militante" (Gomes, 2003, p. 289-290). Desse modo, podemos dizer que esse autor se inspirava fortemente no marxismo em sua visão crítica da sociedade capitalista e nas suas concepções sobre o vínculo entre ciência, política e ética profissional, ao mesmo tempo em que procurava valorizar a autonomia epistemológica da análise do espaço; se não poderia haver uma geografia marxista propriamente dita, haveria, entretanto, uma complementaridade entre teorias marxistas e estudos geográficos, já que o espaço constituiria o "domínio estratégico por excelência", influindo decisivamente nas lutas políticas (Lacoste, 1989, p. 142).

Mais radicais, diversos geógrafos anglo-saxões, em especial norte-americanos, propuseram-se a construir uma perspectiva de análise do espaço baseada essencialmente no marxismo, ou seja, uma geografia marxista de fato. Isso significa que o marxismo forneceria um método de análise (o materialismo histórico dialético), uma teoria crítica abrangente da sociedade capitalista (da qual se desdobravam várias teorias específicas, como a teoria da renda da terra, as "leis do desenvolvimento desigual e combinado" etc.) e ainda uma teoria da transformação social, ou da revolução. Com base nesses elementos, seria possível, entre outras coisas, repensar o objeto da ciência geográfica, derivar das teorias econômicas marxistas teorias capazes de explicar a dimensão espacial do capitalismo e, por fim, tornar a geografia apta a exercer um papel político revolucionário.

Dentro desse grupo, alguns autores assumiam a concepção de que o espaço constitui um reflexo da sociedade, uma instância determinada pelas leis de funcionamento do modo de produção capitalista, enquanto outros procuravam demonstrar que a relação sociedade-espaço se estabeleceria por meio de determinações recíprocas, de modo que o espaço seria parte constituinte da própria dinâmica da sociedade capitalista, com suas leis e contradições. A forma como era discutida essa relação e as possíveis propriedades determinantes ou condicionantes do espaço variavam conforme o autor, mas em todos os principais nomes dessa corrente manifestava-se a preocupação de sublinhar a especificidade da análise espacial.

No livro A justiça social e a cidade, Harvey acusava a ingenuidade das teorias que pensavam a existência de uma causalidade simples na relação sociedade-espaço, privilegiando ora um, ora outro como fator determinante. Seu argumento era o de que tais teorias pressupõem "a existência de uma linguagem adequada para discutir simultaneamente a forma espacial e o processo social", a qual não existiria. Daí porque o autor procurava demonstrar a necessidade de integrar as linguagens da "imaginação sociológica" e da "imaginação geográfica" numa mesma estrutura conceitual, a fim de esclarecer as influências das formas espaciais sobre os processos sociais e construir uma abordagem consistente sobre a cidade (Harvey, 1980, p. 17-34). Numa linha de discussão semelhante, Edward Soja buscou demonstrar a tese de que essa relação deveria ser compreendida como constituinte de uma "dialética sócio-espacial", dentro da qual o espaço desempenha um papel tão "ativo" quanto o da própria sociedade, não sendo possível estabelecer uma determinação unidirecional entre tais elementos (Soja, 1983). Assim como Lacoste, havia nestes últimos a preocupação de estabelecer uma autonomia epistemológica para a geografia, mas com a diferença de que, enquanto aquele autor procurava valorizar a análise espacial mediante o refinamento epistemológico dos procedimentos utilizados pela geografia tradicional, tais como as técnicas cartográficas, a definição da escala de análise etc., os autores americanos buscavam chegar a esse resultado por reflexões epistemológicas em torno do conceito de *espaço*.

Comparando-se as vertentes analisadas até o momento com a geografia crítica brasileira, vemos que essa última nasceu perseguindo o mesmo objetivo básico da vertente anglo-saxã, ou seja, construir uma geografia marxista. Isso fica nítido no exaustivo levantamento do geógrafo Armando Corrêa da Silva (1984) sobre a produção geográfica brasileira dos anos 1976-1983, no qual chama atenção o predomínio de categorias marxistas entre aquelas mais utilizadas pelos geógrafos brasileiros, o que levou o autor à conclusão de que "a situação do discurso crítico radical é, então, a de uma frente ideológica polarizada pelas categorias do materialismo histórico e dialético" (Silva, 1984, p. 133). Esse é o reflexo mais evidente de um fato inconteste, isto é, o de que os autores que se propunham a aplicar o marxismo na geografia formaram o grupo majoritário no processo de renovação ocorrido a partir dos anos 1970. É isso o que indica o geógrafo Rui Ribeiro de Campos, ao afirmar que a proposta dessa vertente "não era necessariamente a proposta de uma geografia Marxista, apesar de a maioria afirmar que possuía como método de interpretação o instrumental marxista de análise, o método dialético" (Campos, 2001, p. 14). No fundo, isso também é reconhecido por Ruy Moreira (2000, p. 34-35), ao falar do caráter "hegemônico" do marxismo na renovação, ainda que enfatizando a heterogeneidade teórico-metodológica e política desse processo.

A obra de Milton Santos representa um caso até certo ponto peculiar nesse contexto. Ele procurou conferir autonomia epistemológica à geografia a partir da proposição de que o objeto dessa disciplina é o espaço, tendo dedicado cerca de vinte anos de sua vida à tarefa de constituir um sistema de conceitos que permitisse estudá-lo como um "ente analítico independente, dentro do conjunto das ciências sociais" (Santos, M., 1996, p. 18). Mas o autor nunca teve a intenção de realizar essa tarefa mediante a construção de uma geografia crítica marxista, visto que suas formulações teóricas revelam nitidamente um elevado ecletismo epistemológico. Ainda assim, sua produção intelectual das décadas de 1970 e 1980 atribuía grande importância a categorias e conceitos marxista, tais como o conceito de formação econômico-social e a definição de espaço como um "acúmulo desigual de tempos de trabalho", inspirada na teoria marxista do valor. Foi nas obras mais recentes de Milton Santos (1978, 1996) que a influência do marxismo tornou-se bem menos intensa, passando a predominar a definição de espaço como "um sistema de objetos e um sistema de ações".

Em que pese o ecletismo epistemológico explícito desse autor, não há como negar que sua visão crítica da sociedade capitalista sempre esteve afinada com teorias e ideologias marxistas. Milton Santos (2000) nunca escondeu seu apoio aos regimes socialistas, sua concepção "terceiro-mundista" das relações políticas e econômicas internacionais – inclusive no que se refere ao contexto da globalização – suas críticas à ação do capital internacional e das grandes empresas etc. Em termos político-ideológicos, a única diferença importante entre Milton Santos e a enorme maioria dos intelectuais marxistas, geógrafos ou não, residia em sua recusa a desempenhar qualquer tipo de militância política.

Comparando os autores citados até o momento notamos que, cada qual à sua maneira, todos eles utilizaram intensamente conceitos e teorias marxistas em suas análises, além de partilharem de uma concepção crítica da sociedade capitalista profundamente influenciada pelo marxismo e muitas vezes também por outras teorias afinadas com o pensamento de esquerda, como as teorias do subdesenvolvimento e da dependência.

Assim, os geógrafos autoidentificados como críticos ou radicais e que podem efetivamente ser classificados como antimarxistas são poucos e, embora partindo de epistemologias diferenciadas, partilham com os marxistas de várias ideias comuns. Tomando como referência o caso brasileiro, vemos que José William Vesentini é talvez o único expoente da geografia crítica nacional que pode ser efetivamente qualificado como não marxista, em termos epistemológicos, e como antimarxista, em suas concepções político-ideológicas. Suas refutações ao conceito marxista de "luta de classes" – definindo-a nos termos da luta política e não pela posição ocupada pelos indivíduos no processo de acumulação de capital –, a influência marcante de autores como Michel Foucault e Merleau-Ponty em suas análises sobre o uso político do espaço e sobre a relação sujeito-objeto, bem como suas críticas ao socialismo real (perfeitamente corretas) são evidências claras da não vinculação desse autor ao marxismo. Mesmo assim, há inúmeros pontos de convergência entre as suas concepções e as dos demais geógrafos críticos, que são na maioria marxistas, conforme vimos.

Além disso, é inegável que Vesentini, coerentemente com sua postura metodológica eclética, trabalhou com vários conceitos e teorias marxistas, tendo chegado a conclusões que, paradoxalmente, coincidem à perfeição com aquelas das vertentes mais ortodoxas do marxismo. Vemos isso nitidamente no uso que faz do conceito de ideologia como *falsa consciência* da realidade vinculada aos interesses das "classes dominantes" e na tese de que a constituição dos sistemas nacionais de ensino teria por objetivos "assegurar a hegemonia da burguesia [...] e a reprodução do capital", além da função econômica de absorver "parte do exército de reserva, segurando contingentes humanos ou jogando-os no mercado de trabalho, de acordo com as necessidades do momento" (Vesentini, 1985, p. 54).

Em conclusão, podemos dizer que a incorporação do marxismo constituiu a pedra angular na edificação da geografia crítica, isto é, sua referência teórica, metodológica, ética e ideológica mais influente. As formas dessa influência, no Brasil e também no exterior, foram essencialmente quatro (Diniz Filho, 2002, p. 83).

Na esfera epistemológica, o marxismo ofereceu subsídios à redefinição do objeto de estudo da disciplina, um método de análise que se procurava aplicar a esse objeto e ainda um discurso que atribuía ao método marxista uma cientificidade e objetividade inquestionáveis. **No plano teórico**, ofereceu uma teoria crítica ampla do capitalismo, da qual se desdobravam diversas teorias específicas passíveis de serem empregadas na análise geográfica, tais como a teoria da renda da terra e as "leis do desenvolvimento desigual e combinado", entre outras. **Em termos ideológicos**, o marxismo moldou (e ao mesmo tempo se amoldou) à "visão de mundo" dos geógrafos, isto é, às representações e valores sociais que orientam seus posicionamentos políticos. **No plano das relações entre ética, ciência e política**, o marxismo influiu ao estabelecer a existência de um estreito vínculo entre esses três termos e enfatizar a necessidade da ação militante, a qual deveria tomar por base os pressupostos teóricos e epistemológicos mencionados para assumir um caráter científico e socialmente transformador.

Portanto, falar em "geografia crítica" é válido para identificar uma corrente surgida há algumas décadas e que se fez hegemônica na geografia humana brasileira, corrente essa definida pela forte influência do marxismo e também por uma série de pressupostos comuns aos autores que utilizaram expressões como essa justamente para explicitar suas afinidades mútuas e suas diferenças diante das outras vertentes. E se é verdade que tais denominações consagradas pelo uso não dão conta de detalhar as diferenças epistemológicas entre as muitas propostas de análise que abrangem, estas servem para identificar certas concepções que se tornaram majoritárias num momento específico da história da disciplina para tornar possível uma análise da consistência lógica e empírica dessas concepções à luz do contexto histórico e intelectual no qual foram produzidas. A importância dessa avaliação é particularmente aguda no atual contexto de desgaste político e intelectual do marxismo, com seus efeitos sobre as ciências sociais e a geografia crítica.

4.4 Do marxismo ao ecletismo pós-modernista

Como pudemos perceber, as mudanças de paradigma ocorridas na geografia acompanham de perto as transformações mais amplas do pensamento filosófico e científico. O mesmo ocorreu com a geografia crítica, também chamada *geocrítica*, que se constituiu numa fase em que o marxismo gozava de prestígio bastante considerável nos meios políticos e intelectuais. Mas, considerando-se a enorme diversidade interna da tradição marxista, cabe indagar: qual ou quais das correntes do marxismo tiveram maior influência na formação da geocrítica? Essa é uma pergunta talvez impossível de responder, mas há um consenso de que o método e as teorias marxistas foram simplificadas por muitos geógrafos.

Já nos anos 1980, com efeito, Moraes alertava que um dos maiores problemas da incorporação do marxismo à disciplina estava no fato de que a maioria dos geógrafos não vinha levando devidamente em conta a diversidade dessa tradição de pensamento, aplicando conceitos e teorias sem atentar para as polêmicas travadas entre os próprios marxistas. E pior ainda, no dizer desse autor, é que as leituras feitas pelos geógrafos frequentemente reproduziam o modelo de pensamento próprio do chamado *marxismo vulgar*[11], transformando a geografia crítica num determinismo econômico, isto é, numa doutrina que vê todos os fenômenos como resultados diretos da lógica da acumulação capitalista. Outros autores, porém, destacam que o refluxo do marxismo se deu também pelos equívocos das previsões de Marx e de seus seguidores quanto às tendências do desenvolvimento do capitalismo e a dificuldades epistemológicas para a aplicação das teorias econômicas marxistas no estudo do espaço (Moraes, 1985, 1988; Diniz Filho, 2002).

Mas, seja pelo motivo que for, é amplamente reconhecido que:

A geografia abandonou o projeto de construir, por intermédio direto do marxismo, uma ciência total. Hoje, os geógrafos que invocam o marxismo o fazem a partir de uma perspectiva muito mais limitada, como uma filiação ideológica ou como uma inspiração de ordem geral. De qualquer forma, não existe mais a crença em uma via metodológica única, que será aquela da "verdadeira" geografia, e se reconhecem a importância e a riqueza de outras condutas possíveis para a geografia. Assim, a pretensa revolução do saber geográfico pela teoria e a prática marxista mostra claramente sinais de esgotamento. Trata-se, portanto, uma vez mais, de uma revolução científica da modernidade geográfica. Como as outras, esta revolução quis, em seus primórdios, apresentar-se como a ruptura definitiva e final, sucumbindo em seguida sob o peso das expectativas e acabando, como as outras, por ser substituída por uma outra novidade. (Gomes, 2003, p. 303)

Já não é difícil encontrar geógrafos que reconhecem erros e insuficiências na geografia marxista, propondo-se por isso a fazer uso também de outras epistemologias que, igualmente afastadas das concepções tradicionais e do neopositivismo, poderiam auxiliar no desenvolvimento de uma geografia apta a formular uma crítica radical à sociedade capitalista contemporânea. Daí a recente aproximação de muitos geógrafos marxistas em relação às correntes humanista e pós-moderna. O conteúdo crítico e a valorização da análise espacial presentes em várias perspectivas de análise classificáveis como *pós--modernas* favoreceu essa aproximação. Notamos isso especialmente na obra do filósofo Michel Foucault, bastante empregada pelos geógrafos críticos por suas teses a respeito das relações entre espaço e poder, ainda que, do ponto de vista epistemológico, haja grandes diferenças entre esse e outros autores considerados *pós-modernos* e as teorias marxistas, sem falar nas aporias entre os próprios representantes do pós-modernismo.

Esse movimento intelectual mostrou-se particularmente nítido na mudança de enfoque ocorrida na geografia anglo-saxã a partir do final dos anos 1980. A figura emblemática desse processo é David Harvey, que rompeu com os postulados do marxismo ortodoxo quanto à busca de cientificidade e objetividade das análises e passou a se dedicar principalmente à temática cultural e da história das ideias. Embora não deixando de utilizar com frequência algumas categorias marxistas no estudo dessas temáticas, tais mudanças revelam a trajetória que levou esse autor do marxismo ao pós-modernismo.

Mas é especialmente interessante assinalar que as discussões econômicas realizadas por esse autor em sua fase pós-moderna, associadas às análises de caráter cultural, mostram uma diminuição da influência marxista. Comparem-se as abordagens que ele desenvolveu em alguns de seus trabalhos mais influentes: no livro *Os limites do capital*, o autor defende enfaticamente o poder explicativo das teorias econômicas marxistas ao afirmar que

> *o conceito [marxista] de valor é crucial por nos auxiliar a entender, de um modo que nenhuma outra teoria do valor pode, as intrincadas dinâmicas das relações de classe (tanto na produção quanto nas trocas), da mudança tecnológica, da acumulação e todas as suas características associadas de crises periódicas, desemprego, etc.* (Harvey, 1982, p. 36)

Já na obra *A condição pós-moderna* (Harvey, 1994), o autor se vale principalmente da "teoria da regulação" no intuito de caracterizar a atual fase histórica do capitalismo, para então explicar o processo de descentralização industrial ocorrido mundialmente a partir da crise dos anos 1970 e as expressões culturais e formas de sociabilidade próprias da "cidade pós-moderna". Embora isso não queira dizer que o autor tenha abraçado integralmente a teoria da regulação nesse último livro, é evidente que essa teoria constituiu a principal fonte teórica de suas análises econômicas sobre a fase atual do capitalismo:

> mas os contrastes entre as práticas político-econômicas da atualidade e as do período de expansão do pós-guerra são suficientemente significativas para tornar a hipótese de uma passagem do fordismo para o que poderia ser chamado regime de acumulação "flexível", uma reveladora maneira de caracterizar a história recente. (Harvey, 1994, p. 119)

Todavia, é interessante assinalar que, enquanto esse autor se inspirou em referenciais teóricos próximos ao marxismo para tratar da economia capitalista contemporânea, Edward Soja, no livro *Geografias pós-modernas*, procurou efetuar uma verdadeira integração entre marxismo e pós-modernismo por meio de uma releitura das teorias econômicas de Marx. O ponto de partida dessa obra é a tese de que a crítica marxista ao capitalismo tem desprezado historicamente a importância do espaço como objeto de análise e, mais ainda, como esfera da realidade dotada de uma "dialética" própria. A influência da filosofia do século XIX sobre o marxismo e, de forma mais ampla, sobre todo o pensamento social do século XX, concedeu à história o *status* de categoria central para o entendimento dos processos sociais, relegando o espaço ao papel de reflexo da sociedade, instância passiva e subordinada aos processos sociais. Em virtude disso, todas as análises econômicas pautadas por um enfoque mais incisivo na espacialidade do desenvolvimento capitalista, tais como os estudos sobre o subdesenvolvimento e a dependência, acabaram sendo criticadas pelo modo como teriam tentado atribuir ao espaço qualidades que pertenceriam unicamente à esfera da sociedade e da história (Soja, 1993, p. 128-129).

Essa forma de pensar o espaço e a sociedade dentro da teoria social crítica teria influenciado negativamente o processo de renovação da geografia. Ao assumir o postulado de que os processos e contradições sociais só são inteligíveis na perspectiva da luta de classes em seus desdobramentos históricos, a geografia se viu incapaz de desenvolver uma teoria da sociedade capitalista que colocasse o espaço como dimensão essencial da estrutura do capitalismo e de suas contradições.

Para superar esse impasse entre o desejo de construir uma crítica social apoiada na análise do espaço e o temor de resvalar para o determinismo ou fetichismo espacial, Soja propõe uma reformulação epistemológica da geografia. Ele procura desenvolvê-la a partir da crítica ao historicismo exacerbado da "ortodoxia marxista" e, simultaneamente, pela mobilização de diversas perspectivas filosóficas e teóricas que, embora muito diferentes entre si, convergiriam no sentido de demonstrar o papel ativo das configurações espaciais na estruturação da sociedade. Nesse sentido, o autor vê o "historicismo" como uma postura filosófica que atribui à perspectiva do tempo histórico a condição de único método válido para a compreensão dos fenômenos sociais, contrapondo-se, assim, à "imaginação geográfica", a qual pensa a sociedade pela ótica do espaço, embora sem negar a historicidade dos processos sociais. Mas vale lembrar que na economia e outras ciências sociais o termo *historicismo* costuma ser empregado para designar as correntes que, em vez de buscarem construir uma teoria geral do desenvolvimento, preferem analisar as experiências históricas de desenvolvimento de cada país, como vimos no capítulo anterior.

Seja como for, vemos que entre as várias teorias recuperadas por Soja no intuito de revalorizar a análise do espaço figuram os estudos sobre o subdesenvolvimento e a dependência gerados nas décadas de 1960 e 1970. Segundo ele, autores como Wallerstein e Frank, entre outros, tiveram o mérito de estimular o debate sobre o desenvolvimento desigual e as relações centro-periferia, mas não teriam levado suas conclusões até as últimas consequências por receio de ferir o primado da luta de classes como motor da história. Mesmo no âmbito da geografia, os estudos realizados por Harvey e outros geógrafos modernos, sob inspiração desses debates, teriam demonstrado a hesitação dos autores em radicalizar suas posições sobre a importância da análise espacial do capitalismo, motivada por idêntico receio de incorrer num determinismo geográfico não histórico. Somente Henri Lefebvre e Ernest Mandel teriam ousado colocar a geografia do capitalismo e a lógica do desenvolvimento desigual como elementos fundamentais para a compreensão da sociedade capitalista, razão pela qual seus estudos teriam sido parcialmente deixados de lado dentro da teoria social crítica (Soja, 1993, p. 72-73, 104-105).

Em outras palavras, o autor resgatou algumas teorias marxistas do intercâmbio desigual que foram influentes há cerca de quarenta anos para sustentar a tese de que o capitalismo depende de mecanismos de exploração entre países e entre regiões para contrabalançar os efeitos da lei da queda tendencial da taxa de lucro. Esse é o caminho pelo qual ele procura operar uma "espacialização" das teorias de Marx sobre a lógica de funcionamento do modo de produção capitalista. Assim, seria possível retirar esse arcabouço teórico geral de sua forma excessivamente abstrata, conferindo-lhe maior concretude espaço-temporal e abrindo caminho para a construção de um "materialismo histórico-geográfico". Com essa emancipação da teoria social crítica em relação ao historicismo, seriam também satisfeitas algumas condições necessárias para criar uma nova perspectiva para os estudos geográficos (que, segundo o autor, já estaria emergindo), denominada pelo rótulo de *geografia humana crítica pós-moderna* (Soja, 1993, p. 93).

Para concluirmos, é interessante deixarmos claro que essa releitura do marxismo não é o único caminho pelo qual o autor procurou valorizar a análise do espaço. Ele também recorreu a uma série de filósofos e cientistas sociais cujas teorias afirmam o papel ativo do espaço e que, em certos casos, como o de Foucault, contrapõem esse papel às determinações históricas. Em conferência proferida na abertura do VII Encontro Nacional da Associação Nacional de Pós-Graduação em Geografia – Anpege, no ano de 2007, Soja causou polêmica ao radicalizar suas antigas críticas à influência do "historicismo" sobre Marx, pois chegou a dizer que a obra desse autor tem pouco interesse para a geografia por não estar preocupada em teorizar os fenômenos relacionados ao espaço. Mais uma vez, Soja buscou nas teorias de Foucault sobre o uso político do espaço a referência epistemológica adequada para o desenvolvimento de uma geografia crítica.

Mas não se deve pensar, com base nesta breve exposição sobre a trajetória intelectual de geógrafos como Harvey e Soja, que o pós-modernismo se estabeleceu como novo paradigma da geografia crítica em substituição ao marxismo. Em primeiro lugar, porque as teorias marxistas têm coexistido com as teses pós-modernas sobre a existência de uma crise generalizada no momento histórico atual, além de se assemelharem nas críticas à sociedade capitalista. Em segundo lugar, porque não é somente no pós-modernismo que os geógrafos marxistas têm buscado renovar seus referenciais epistemológicos, mas também nas abordagens humanistas, que convergem com o pós-modernismo na crítica ao modelo normativo de ciência, conforme já mencionamos. Outra razão é que a imensa heterogeneidade epistemológica do pensamento pós-modernista parece limitar seu potencial para "revolucionar" mais uma vez a disciplina, ao contrário do que ocorreu antes com o neopositivismo e depois com o marxismo. Na verdade, o que se tem visto, principalmente nos Estados Unidos, é uma série de debates sobre a existência ou não de um paradigma pós-moderno na geografia, inclusive porque as tentativas para inserir uma epistemologia pós-moderna nas pesquisas geográficas têm tido resultados restritos (Adesina, 2008).

O mais seguro, portanto, é concluir que o momento atual se caracteriza por um ecletismo epistemológico limitado aos horizontes da teoria social crítica, pois se destaca pela aproximação ou mesmo integração entre ideias marxistas e pós-modernistas. Um artigo publicado no *site* do IX Colóquio Internacional de Geocrítica exemplifica muito bem essa tendência e possui interesse particular para este livro por dizer respeito ao papel do ensino na atualidade, como vemos nestas passagens:

A organização do espaço geográfico na escala do Estado-nação europeu ocidental, a partir do final do século XVIII, se configurou como uma necessidade do progresso, cuja ideologia – a melhoria das condições de vida de todos os habitantes – conclamava o esforço de todos para o "bem geral da humanidade", sob o lema "liberdade, igualdade e fraternidade", embora apenas alguns pudessem usufruir dessas benesses. Na verdade, a maioria era livre apenas para vender a sua força de trabalho, dado que as relações de produção capitalistas estavam reduzindo o homem à condição de mercadoria, de objeto da ciência e do poder (estatal, em particular).

[...] Entendendo que aqueles que fazem a ciência também precisam se comprometer com o resgate da sabedoria humana, e que tal resgate é indissociável da Política e do Político, defende-se uma ruptura epistemológica "colada" às transformações da prática social. Nessa medida, a prática social deve mudar também na escola. Ou, sobretudo, na escola, porque a educação continua fortemente marcada pelo espírito do Iluminismo, isto é, a crença na possibilidade de se disseminar, por meio de sua universalização, a ideologia do progresso a todos os seres humanos, o que transformaria a Terra em um jardim paradisíaco (as diferenças sociais e as diversidades étnico-regionais-nacionais desapareceriam!). (Vlach, 2007)

Assim como ocorre na obra de Vesentini, vemos aí uma combinação de elementos marxistas e pós-modernistas. De um lado, Vânia Vlach recorre à teoria econômica marxista e ao conceito de ideologia para fundamentar uma crítica abrangente à sociedade capitalista, sem falar na referência à unidade necessária entre reflexão epistemológica e prática social, que é basilar no materialismo histórico dialético. De outro lado, a influência pós-moderna se revela na valorização das especificidades culturais e regionais, na crítica à razão e, como resultado, na proposta de resgatar uma "sabedoria humana" negligenciada pela ciência, a qual a autora extrai do livro *Introdução a uma ciência pós-moderna*, de Boaventura de Souza Santos (2000). De comum entre as duas matrizes de pensamento que informam seu artigo, temos as características essenciais da teoria social crítica, muito nítidas na recusa da ideia de neutralidade científica e na concepção de que a política permeia necessariamente todas as condutas e todos os discursos, especialmente as práticas pedagógicas.

Portanto, a geografia vive hoje uma fase de maior pluralismo teórico e metodológico que se reflete inclusive na recusa da maioria dos geógrafos a adotar rótulos ou a classificar seus próprios trabalhos nesta ou naquela tendência, bem ao contrário do que aconteceu nas fases de maior efervescência das "revoluções" neopositivista e crítica, em que os defensores do novo faziam questão de definir e comparar escolas geográficas bem delimitadas. Mas, ainda assim, os pressupostos fundamentais da geografia crítica continuam pautando a maior parte do ensino e da pesquisa em geografia, ao menos no Brasil. O próprio artigo de Vlach, que acabamos de comentar, é um exemplo, pois não usa as expressões *geografia crítica* e *geocrítica* uma única vez sequer, embora tenha sido apresentado num evento de geocrítica e mesmo reproduzindo os pressupostos fundamentais dessa corrente, inclusive ao falar do "papel do Ensino de Geografia na formação de cidadãos brasileiros participativos, ativos e críticos!" (Vlach, 2007).

É em função desse cenário que se pode notar uma falta de disposição para promover um embate de visões radicalmente contrapostas na geografia brasileira atual, conforme já constatou o geógrafo Manoel Correia de Andrade (1994, p. 77). E esse quadro nos impõe responder se haveria sentido em continuar utilizando expressões como *geocrítica* para designar um *movimento de renovação* que ainda estaria em curso. A resposta a essa questão é negativa, pois a hegemonia dessa corrente na geografia brasileira atual esvazia a utilidade daquela expressão para individualizar uma forma de produzir conhecimento geográfico diferente das anteriores, que hoje são pouco expressivas (ao menos no âmbito da geografia humana). Mas é justamente por essa dominância que se faz extremamente necessário discutir o que foi e o que é a geografia crítica: para avaliar até que ponto os pressupostos fundamentais dessa vertente são ou continuam válidos no contexto histórico atual. Vale dizer, é necessário utilizar expressões como *geografia crítica* ou *radical* para fazer referência não a um movimento renovador ainda em curso, pois este já se esgotou pela própria dominância alcançada, mas sim a um conjunto de pressupostos, os quais, enumerados na seção anterior, identificavam os geógrafos críticos e ainda estão na base de quase toda a produção geográfica no Brasil contemporâneo.

Posto isso, resta apenas fazer um breve comentário sobre a consequência da assimilação das ideias vindas da teoria social crítica nos debates acerca das dicotomias da geografia, à qual se seguirá um breve resumo do que foi visto neste capítulo.

4.5 Ainda a questão das dualidades

Ao longo deste livro, vimos que a dicotomia entre geografia geral e geografia regional constitui a forma específica como se manifesta a tensão entre as abordagens nomotética e idiográfica (comum a todas as ciências) na geografia. Vimos que tal especificidade está também, e talvez principalmente, no estreito vínculo entre essa dualidade e a questão da dicotomia entre os ramos físico e humano da disciplina.

Começando pelas relações entre geografia física e humana, é fato que a introdução das ideias marxistas teve o efeito de consolidar e até de ampliar a distância entre os dois ramos. Apesar dos esforços de alguns geógrafos para integrá-los com base nos pressupostos desenvolvidos por Engels no livro *Dialética da natureza*, o fato é que não existe uma climatologia marxista, nem uma geomorfologia ou uma biogeografia que produzam avanços científicos com o uso desse referencial. Mesmo no plano estritamente filosófico, a proposta de estender a dialética da história humana à natureza, com base no pressuposto da unidade do saber, perdeu a força nas últimas décadas (Sartre et al., 1966). Aliás, embora Marx tenha chegado a afirmar que um dia as ciências naturais e sociais poderiam se fundir numa ciência única, ele estava se referindo, na realidade, a um mundo em que a transição para o comunismo já estaria completa. Ele mesmo não parecia acreditar que a integração das ciências da sociedade e da natureza num campo epistemológico único fosse um objetivo passível de ser alcançado nos marcos de uma sociedade capitalista (lembremos sempre da unidade entre teoria e práxis). Na verdade, o materialismo histórico dialético acabou se firmando nos meios científicos como a mais bem acabada proposta para estudar a sociedade com base em parâmetros totalmente autônomos em relação àqueles utilizados nas ciências naturais (Moraes, 1997; Gomes, 2003, p. 284).

Nesse sentido, as críticas pós-modernistas à razão, à ideologia do progresso e aos procedimentos analíticos da ciência newtoniana poderiam, ao menos hipoteticamente, fundamentar uma reaproximação entre esses dois ramos da disciplina. Os trabalhos que se inspiram na obra do físico Fritjof Capra e na interpretação de Edgar Morin sobre a "ciência da complexidade" para fundamentar uma "geografia socioambiental" (que mantém a visão crítica do capitalismo) podem então ser qualificados como respostas à crise do marxismo informadas por certo ecletismo pós-modernista. E embora não se possa dizer que exista uma epistemologia capaz de realizar a unidade das ciências da natureza e da sociedade, ou mesmo uma ciência natural que supere o enfoque chamado *convencional*, é interessante ressaltar que o projeto de ciência holística de Humboldt e de Ritter continua vivo. E, hoje como ontem, é defendido com críticas à racionalidade analítica do modelo normativo de ciência. A obra de Capra, bastante citada em trabalhos recentes de epistemologia da geografia, mostra um paralelo bastante nítido com o cruzamento de tendências racionalistas e românticas dos trabalhos dos fundadores da geografia, na medida em que reflete sobre a possibilidade de renovar os métodos científicos pela convergência da física moderna com as ideias vindas das tradições espirituais do Oriente. Como ele próprio define, "a característica mais importante da visão oriental do mundo – poder-se-ia mesmo dizer, a essência dessa visão – é a consciência da unidade e da inter--relação de todas as coisas e eventos, a experiência de todos os fenômenos do mundo como manifestações de uma unidade básica" (Capra, 1983, p. 103).

Já quanto às relações entre geografia sistemática e geografia regional, o que se viu foi que a abordagem marxista, de maneira geral, levou a um desprestígio da segunda em favor da primeira. Tanto na economia espacial quanto na geografia econômica há muitos debates sobre as dificuldades teóricas e metodológicas da aplicação das teorias marxistas no estudo regional. Uma razão para isso é que as teorias econômicas de Marx se concentraram na explicação do movimento do capital em geral, deixando num plano secundário a questão do desenvolvimento espacialmente desigual, sobretudo no que diz respeito a áreas situadas numa escala intermediária entre o "nacional" e o "local" (Lencioni, 1997). Além disso, os marxistas nunca chegaram a um consenso sobre se as "regiões" deveriam ser entendidas como entidades objetivas, criadas pelos processos econômicos, ou como instrumentos de análise espacial (Diniz Filho, 2000).

Por conta dessas dificuldades para lidar com a escala regional, as abordagens críticas inspiradas no marxismo se desenvolveram principalmente na geografia urbana e na geografia agrária. A teoria marxista da renda da terra foi aplicada em inúmeras pesquisas nesses dois ramos da disciplina, o mesmo ocorrendo, no caso da geografia urbana, com o conceito de *produção do espaço* trabalhado pelo filósofo Henri Lefebvre (que a maioria define como um marxista heterodoxo (Lencioni, 1997), enquanto Soja (1993) prefere qualificá-lo como um dos primeiros geógrafos pós-modernos). O Brasil é um bom exemplo desse quadro, pois na geografia humana brasileira vê-se uma predominância dos estudos urbanos, seguidos dos estudos sobre o espaço rural (dos anos 1990 em diante, a geografia cultural vem ganhando força). Enquanto isso, a discussão regional ficou a cargo dos economistas, que trabalham principalmente com certa combinação de teorias marxistas com a abordagem dos "desequilíbrios regionais", a qual se inspira nas teorias da Comissão Econômica para América Latina e Caribe – Cepal.

Em suma, as pesquisas geográficas inspiradas pelo marxismo se concentraram na geografia humana e buscaram construir teorias gerais, deixando em segundo plano a abordagem regional – uma ótica que não deixa de ser coerente com o racionalismo de Marx e da tradição marxista.

Já a influência do pós-modernismo tem se dado de forma muito complexa e variada, sendo difícil apontar tendências claras. De um modo geral, essa influência vem sendo favorecida pela interpretação crítica da questão ambiental e do contexto histórico da globalização, pois os problemas ambientais dão força às refutações da ideologia do progresso, enquanto a globalização sugere a necessidade de leituras do espaço que o caracterizam como fragmentado e, simultaneamente, integrado. Mas as epistemologias utilizadas na elaboração dessas interpretações críticas variam e se mesclam muito. As contestações à razão e ao modelo normativo de ciência tendem a afastar as pesquisas da formulação de teorias gerais, mas, paradoxalmente, o ecletismo próprio das epistemologias pós-modernistas estimula os geógrafos críticos a continuar trabalhando com as teorias marxistas, as quais se baseiam em pressupostos racionalistas e explicam o capitalismo numa ótica totalizante.

De outro lado, Lencioni (1997, p. 284) avalia que

> as geografias pós-modernas podem contemplar o estudo regional, na medida em que procuram dar ênfase ao heterogêneo, à diferença. Todavia, quando a análise incorpora a dimensão da subjetividade e a fuga às referências gerais, pode levar o estudo regional a cair facilmente numa atomização [...].

ou seja, na produção de trabalhos em que as "regiões" são pensadas isoladamente. Por outro lado, os geógrafos norte-americanos influenciados pelo pós-modernismo costumam indicar a "cidade-região" de Los Angeles como o exemplo máximo de um tipo de cidade pós-moderna que já seria, ou poderia estar em vias de ser, universal (Adesina, 2008).

Em suma, a geografia crítica não se define hoje pela predominância nítida de um enfoque geral ou regional, mas por continuar buscando cumprir o objetivo de formular uma crítica radical ao capitalismo por meio de pesquisas centradas no espaço e na relação sociedade-espaço, mobilizando para isso todas as epistemologias que parecerem inovadoras e adequadas a tal objetivo. A geocrítica mudou para continuar a mesma.

Síntese

A geografia humanista, devido a suas indefinições e ambiguidades epistemológicas, restringiu-se à crítica do racionalismo e da ciência positivista, tendendo, assim, a se integrar às abordagens pós-modernistas. Já o marxismo constituiu a viga mestra na formação da geografia crítica, tanto pela predominância numérica dos autores marxistas como pelo seu papel na definição dos pressupostos dessa corrente. Embora, desde o início, a geografia crítica abarcasse uma considerável diversidade epistemológica (como todas as tendências, aliás), são esses pressupostos comuns que lhe dão unidade e identidade. Com a crise do marxismo, vem ocorrendo uma aproximação ou integração entre essa corrente, o humanismo e o pós-modernismo. E embora essas duas últimas tendências sejam antagônicas ao modelo normativo de ciência (no qual o marxismo se insere), tal aproximação foi possível porque muitos autores humanistas e pós-modernos dão relevo ao espaço, partilham com o marxismo de valores anticapitalistas, opõem-se ao positivismo e refutam o princípio da neutralidade. Portanto, as mudanças recentes da geografia refletem um movimento mais amplo de renovação da teoria social crítica, isto é, de uma tradição de pensamento que se define justamente por assumir o interesse em efetuar uma crítica radical à sociedade capitalista.

Indicações culturais

Site

Ix Colóquio Internacional de Geocrítica, 2007, Porto Alegre. [Trabalhos apresentados]. Porto Alegre: Ed. da UFRGS, 2007. Disponível em: <http://www.ub.es/geocrit/9porto/col-9-001.htm>. Acesso em: 12 maio 2008.

> Os pressupostos da geografia crítica são a base da maior parte dos trabalhos científicos produzidos pela geografia humana brasileira na atualidade, de modo que há muitas referências possíveis de leitura. Para ficarmos apenas nos trabalhos brasileiros que definem a si mesmos como críticos ou radicais, recomendamos esse "site".

Livro

Santos, M. **Testamento intelectual**. São Paulo: Ed. da Unesp, 2004.

> Há uma longa entrevista nesta obra com o geógrafo Milton Santos, que explica, em linguagem coloquial, alguns conceitos e teorias que foram fundamentais na obra desse autor.

Atividades de Autoavaliação

1. A partir de meados dos anos 1960, há uma grande diversificação da geografia em termos epistemológicos, pois diversas tendências se apresentam como alternativas às correntes tradicional e quantitativa. Considerando esse fato, assinale a afirmativa verdadeira:
    a) A abordagem materialista da história integra o estudo dos fenômenos naturais e sociais numa epistemologia única.
    b) A abordagem totalizante do marxismo fundou a proposta de estudo da organização espacial como objeto da geografia.

c) Nos anos 1960, a geografia humanista surgiu como uma negação categórica do racionalismo, propondo, assim, a geografia como arte.

d) Ao caracterizar todas as demais correntes da geografia como ideológicas, os geógrafos críticos reproduziram a visão cientificista do marxismo.

2. A geocrítica sempre foi eclética, mas essa característica acentuou-se com a crise do marxismo, que foi a epistemologia predominante na constituição dessa corrente. Sobre esse tema, assinale a alternativa **INCORRETA**:

a) Milton Santos foi o principal introdutor do materialismo histórico dialético no estudo do espaço, dando origem à geografia crítica marxista.

b) A crise do marxismo não mudou os objetivos da geocrítica, que se tornou mais eclética para renovar a crítica radical ao capitalismo.

c) A geografia crítica acha-se hoje dividida em dois campos opostos, que são o marxista e o pós-modernista.

d) A incorporação do marxismo à geografia ocorreu devido à expansão dos órgãos de planejamento regional, já que os marxistas defendem a ação do Estado para resolver os problemas socioespaciais.

3. Mesmo quando refutam o modelo de ciência normativo, os intelectuais críticos costumam manter o pressuposto de que a unidade entre teoria e prática confere objetividade às teorias anticapitalistas. Assinale a afirmativa verdadeira sobre as características deontológicas da geocrítica:

a) A teoria social crítica propõe a suspensão dos juízos de valor como condição para avaliar criticamente os prós e contras de cada teoria.

b) As propostas humanistas de geógrafos como Tuan e Buttimer foram bem aceitas pela geografia crítica, devido às refutações desses autores ao positivismo.

c) Por se preocupar com a integração entre teoria e prática, a geocrítica atribui um importante papel político ao professor.

d) Os geógrafos críticos influenciados pelo pós-modernismo acusam as propostas marxistas de planejamento regional de serem ideológicas e pouco racionais.

4. Embora epistemologicamente heterogênea, a vertente crítica se identifica por um conjunto de pressupostos comuns entre seus autores. Qual das alternativas abaixo indica corretamente alguns desses pressupostos?
   I. Um pressuposto que dá identidade aos geógrafos críticos é a recusa à preocupação positivista de definir um objeto de estudo geográfico.
   II. O interesse explícito em fazer uma crítica radical à sociedade capitalista é um dos pressupostos essenciais que dão unidade à geografia crítica.
   III. O marxismo e o pós-modernismo se identificam na crítica à razão, uma vez que a ciência e a técnica são instrumentos de dominação burguesa.
   a) Somente as afirmações I e II são verdadeiras.
   b) Somente as afirmações I e III são verdadeiras.
   c) Somente a afirmação II é verdadeira.
   d) Somente as afirmações II e III são verdadeiras.

5. Ao afirmar que não se pode explicar o espaço sem entender a sociedade, a geografia crítica abriu um debate, ainda em curso, sobre as propriedades condicionantes ou determinantes das relações sociedade-espaço. Qual das alternativas explica corretamente as teses em debate?
   I. A visão de que o espaço é um reflexo da sociedade é contestada com o argumento de que leva a geografia a se tornar um mero acessório da teoria social crítica.
   II. A ideia de dialética socioespacial procura mostrar que é possível afirmar o papel ativo do espaço sem cair num fetichismo espacial.
   III. A crítica pós-modernista à razão levou os geocríticos a negar o papel transformador do ensino, que é visto como instrumento de uma racionalidade uniformizadora.
   a) Somente a afirmação II é verdadeira.
   b) Somente as afirmações I e III são verdadeiras.
   c) Somente a afirmação III é verdadeira.
   d) Somente as afirmações I e II são verdadeiras.

Atividades de Aprendizagem

Questões para Reflexão

1. Qual é a diferença entre o conceito de espaço social e as concepções das geografias Tradicional e quantitativa sobre o objeto de estudo geográfico?
2. Cite ao menos três pressupostos comuns às várias tendências da geografia crítica.
3. Quais foram as consequências da incorporação do marxismo à geografia do ponto de vista das relações entre geografia física e geografia humana?

Texto para discussão

Quando a geografia crítica é um pastel de vento e nós, seus professores, Midas

Na tentativa de superação da Geografia Tradicional em direção a uma Geografia diferenciada (a Geografia Crítica) perderam-se alguns recursos e habilidades didáticas básicas: o mapa, o quadro, o hábito de os alunos escreverem no caderno, a observação e a descrição das paisagens. Confundiu-se erroneamente tais tarefas como sendo necessariamente "negativas" porque identificadas à Geografia Tradicional. "Jogou-se fora a criança com a água do banho". Em nosso entendimento não se trata de eliminar esta ou aquela técnica ou recurso, mas sim usá-lo de forma que explorem melhor as potencialidades de cada material e, sobretudo, dialoguem de forma criativa e estimulante com os alunos.

O que há, então, no lugar da aula-monólogo expositiva da Geografia Tradicional? Temos uma série de pistas, indícios: um tempo considerável é investido na administração burocrática do tempo: deslocamento do professor, entrada na sala de aula, negociação do silêncio e na volta aos lugares dos alunos, feitura da chamada, conversas gerais sobre assuntos quaisquer, mero passatempo, sem relação com a aula! Outro bloco considerável é a operacionalização da aula (solicitar e esperar que abram os cadernos, copiar no quadro ou ditar, fazer silêncio, buscar LD [livro didático] na biblioteca, acertar o ponto da fita de vídeo, interromper as conversas/bagunças)! A elaboração das tarefas "cognitivas" – que exigem raciocínio dos alunos – são amplamente secundárias. Predominam, largamente, atividades mecânicas, "tarefeiras", que ocupam mais o tempo e o corpo do que a mente! O cognitivo é secundarizado. Responder questionários, não raro entendendo "pelo alto" o que se faz, ou preparar um trabalho, que será apresentado posteriormente em aula, são as principais atividades dos alunos: é outro grande bloco que completa as aulas. Pintar um mapa é atividade bem mais comum do que analisá-lo e/ou entendê-lo.

Enfim, o professor se exime de ser... professor, de conduzir o processo. O professor não professa. Confundiu-se aquela pertinente crítica à Educação e à Geografia Tradicionais, que dizia que o conhecimento não está apenas na fala do professor e confundiu-se a assertiva que todo o conhecimento tem que ser construído na relação professor-aluno. Como se estes dois atores tivessem o mesmo papel!

Fonte: Kaercher (2007).

Questões sobre o texto:

1. Analisando-se o texto com base nos capítulos 1 e 4, quais seriam as diferenças entre a geografia tradicional e a geografia crítica quando aplicadas ao ensino?
2. Quais são os papéis do professor e do aluno no processo de ensino-aprendizagem?

Atividade Aplicada: Prática

1. Com base no que vimos ao longo deste capítulo, fica claro que a aplicação dos pressupostos da geocrítica no ensino fez com que expressões como *formar cidadãos críticos* e *desenvolver a criticidade do educando* fossem usadas com dois sentidos ao mesmo tempo, quais sejam: o de introduzir o aluno no conhecimento de teorias críticas da sociedade capitalista e o de lhe

apresentar diferentes visões da realidade juntamente com instrumentos intelectuais para refletir sobre elas. Assim, uma vez que já fizemos uma introdução ao marxismo e a outras teorias sociais críticas nas seções anteriores, vamos sugerir uma atividade que lida com a confrontação de ideias divergentes. A maneira de trabalhar essa perspectiva nos livros didáticos é apresentar aos alunos dois textos curtos com visões opostas sobre o mesmo tema, com sugestões para que se faça uma discussão em sala a partir dessas leituras e/ou uma elaboração de comentários escritos sobre os textos. Embora tal método seja positivo, esses livros não apresentam técnicas específicas de análise e interpretação de textos a serem utilizadas nessas atividades, as quais poderiam ajudar muitíssimo como método para desenvolver o pensamento crítico dos alunos. Essas técnicas vêm sendo elaboradas nos últimos anos por educadores de várias áreas e são descritas em livros à venda em algumas livrarias (ver as referências no final da seção).

Sendo assim, a atividade sugerida consiste em mostrar aos alunos algumas técnicas de interpretação crítica de textos e, em seguida, solicitar que eles avaliem alguns artigos curtos sobre a questão do racismo segundo critérios de coerência lógica e de apresentação de evidências. Algumas sugestões de leituras úteis para essa atividade estão listadas a seguir:

Sobre as técnicas de interpretação crítica de textos

Vieira, C. T.; Vieira, R. M. **Promover o pensamento crítico dos alunos**: propostas concretas para a sala de aula. Porto: Porto Editora, 2001. (Coleção Educação Básica, v. 10).

Um *site* que trabalha com essa mesma abordagem é este: http://www.pensamentocritico.com.br

Sugestões de textos a serem apresentados aos alunos

Abranches, S. Um viés do bem. **Veja**, São Paulo, n. 1716, 05 set. 2001.

Disponível em: <http://www.veja.com.br>. Acesso em: 12 ago. 2003.

ABRANCHES, S. Retrato falado do Brasil. **Veja**, São Paulo, n. 1829, 19 nov. 2003. Disponível em: <http://www.veja.com.br>. Acesso em: 22 jun. 2005.

AZEVEDO, R. A farsa racialista numa pesquisa da Fundação Seade. **Veja**, São Paulo, nov. 2007. Disponível em: <http://veja.abril.com.br/blogs/reinaldo/2007_11_18_reinaldo_azevedo_arquivo.html>. Acesso em: 15 maio 2008.

ARRUDA, R. Especialistas divergem sobre causas da desigualdade no País. **O Estado de São Paulo**, São Paulo, 03 mar. 2007. Disponível em:<http://www.estado.com.br/editorias/2007/06/03/pol-1.93.11.20070603.36.1.xml>. Acesso em: 02 jun. 2007.

SANTOS, M. Ser negro no Brasil hoje. In: _____ **O país distorcido**: o Brasil, a globalização e a cidadania. São Paulo: Publifolha, 2002.

Livros de fundamentação para professores de história e de geografia (fragmentos deles também podem ser trabalhados com os alunos)

ALMEIDA, A. C. **A cabeça do brasileiro**. Rio de Janeiro: Record, 2007.

KAMEL, A. **Não somos racistas**: uma reação aos que querem nos transformar numa nação bicolor. Rio de Janeiro: Nova Fronteira, 2006.

Considerações finais

É comum trabalhos de espistemologia narrarem a história de uma ciência como um processo no qual uma série de tendências de pensamento equivocadas se sucedem, trazendo apenas alguns avanços parciais, até chegar uma determinada tendência que io autor do trabalho julgue como sendo verdadeira.

Como vimos nos últimos capítulos, cada nova "revolução" científica reinterpreta o passado de um modo tal que as correntes anteriores da geografia aparecem quase como se fossem etapas de uma evolução que culmina com a chegada de uma corrente que é vista como a única realmente científica. Esse tipo de leitura foi particularmente enfática durante o surgimento e consolidação da geografia crítica, cujas contestações às demais correntes não foram apenas epistemológicas, mas também éticas e ideológicas.

Neste livro, procuramos fugir desse viés e apresentar as várias correntes da geografia como propostas de estudo cujos temas continuam atuais, embora os métodos e objetivos das pesquisas sejam sempre repensados em função de transformações históricas e de dilemas epistemológicos que todas as correntes possuem. Nesse sentido, embora possamos dividir a história da disciplina em fases marcadas pela predominância relativa de determinadas tendências de pensamento, todas elas continuam presentes na academia e no ensino de geografia, já que levantaram questões e sugeriram pontos de vista explicativos que mantêm seu interesse para as gerações atuais. As tendências contemporâneas à revalorização dos clássicos e à diversificação e combinação de referenciais teórico-metodológicos, iniciada com a crise do marxismo, nos dão uma boa medida disso.

Mas não se trata de dizer que, sendo assim, devemos adotar uma postura relativista, segundo a qual uma teoria é tão boa quanto qualquer outra, já que todas teriam razão a seu modo. Em vez disso, procuramos mostrar a necessidade de elaborar uma epistemologia adequada para formular uma questão (um objeto de estudo) e para dar a ela uma resposta que possa ser qualificada como verdadeira à luz dos parâmetros que definem o que é verdade dentro da epistemologia utilizada. Por exemplo, se eu quiser explicar a influência da natureza sobre a história de um povo e trabalhar com a visão de que explicar um fenômeno significa descobrir uma relação necessária de causa e efeito entre os fatores, então terei de demonstrar, com lógica e evidências, a causalidade que o meio natural representa para a história desse povo. Já se eu estudar a expansão das favelas numa cidade brasileira para demonstrar que é a lógica da acumulação de capital que engendra esse processo, terei que me valer de evidências e de proposições racionais (dialéticas) para demonstrar a correspondência entre a teoria marxista do valor, o processo histórico de formação de favelas e as lutas políticas que ocorrem nessas áreas. Mas tanto num exemplo como no outro terei produzido teorias que precisam necessariamente ser julgadas, postas à prova pela avaliação da coerência interna das proposições e pela adequação das conclusões às evidências apresentadas.

Sendo assim, é perfeitamente válido tecer críticas que negam totalmente determinada teoria e propor uma alternativa teórica que possa ser mais eficaz. O que não se pode fazer é descartar completamente todas as teorias produzidas por uma ou várias tendências de pensamento com base apenas nos questionamentos de uma epistemologia específica contra a cientificidade das outras. Ou ainda, pressupor que as teorias derivadas de um determinado referencial teórico-metodológico tendem a ser verdadeiras simplesmente porque os defensores desse referencial atribuem a ele uma objetividade absoluta, por mais convincentes que os argumentos desses defensores possam parecer. É para evitar esses posicionamentos apriorísticos que devemos aceitar a pertinência e a convivência de diversas correntes de pensamento dentro de uma disciplina científica, ou mesmo a possibilidade de combinar elementos de tendências diversas para construir um objeto e explicá-lo.

Mas é diferente no que diz respeito ao ensino fundamental e médio, atividade que não visa provar teorias, mas sim desenvolver os valores da cidadania, apresentar uma introdução a algumas teorias científicas sobre fenômenos naturais e sociais e, por fim, oferecer aos alunos instrumentos intelectuais para refletirem criticamente sobre essas teorias. Nesse caso, a combinação de temas e métodos de ensino provenientes de várias correntes geográficas como as relações homem-natureza, o trabalho de campo, as redes e hierarquias urbanas, a elaboração de mapas, o espaço vivido dos alunos, além de problemas socioespaciais agudos, estão todos necessariamente incluídos nos trabalhos a serem realizados com os estudantes. Se no caso dos pesquisadores a epistemologia é um conhecimento e também um exercício de reflexão imprescindível para a produção e avaliação de teorias, para os professores, a epistemologia oferece a consciência das possibilidades e limites explicativos que toda teoria tem, além de servir como referência para a elaboração de aulas e atividades didático-pedagógicas diversificadas tanto no conteúdo quanto nos métodos empregados.

Enfim, a filosofia não resolve os problemas epistemológicos da geografia ou de qualquer outra ciência. As respostas só podem ser encontradas pelos próprios pesquisadores e professores, em reflexões que transitam o tempo todo da problemática de pesquisa para a reflexão epistemológica e de volta para a problemática. Os caminhos que podem ser encontrados nesse trânsito são muitos. Cabe a nós descobri-los.

Glossário*

Controvérsia sobre o método: debate ocorrido entre economistas alemães e austríacos e também alguns filósofos neokantistas nas últimas duas décadas do século XIX. Esse debate opôs a visão historicista de ciência social à concepção que mais tarde seria denominada *neopositivista*.

---

* Os verbetes desse glossário foram baseados em CHRISTOFOLETTI (1982a, p. 11-36), KOZEL, MENDONÇA (2002), GOMES (2003) e OUTHWAITE, BOTTOMORE (1996).

Determinismo: tipo de explicação fundamental no modelo normativo de ciência, o qual consiste em atribuir relações necessárias de causa e efeito entre os fenômenos. Nas ciências sociais há inúmeras formas de determinismo: ambiental, racial, econômico etc.

Determinismo ambiental: visão segundo a qual a história dos povos e/ou o comportamento dos grupos humanos seria resultado das influências da natureza.

Dialética: na tradição de pensamento que remonta a Heráclito de Éfeso, é a concepção segundo a qual a realidade deve ser entendida como um processo de transformação determinado pela contradição entre os elementos que a constituem. Hegel via a história como dialética do pensamento, enquanto Marx a caracterizava como dialética da luta de classes.

Economia neoclássica: escola de pensamento econômico surgida em 1870 e que concebe o objeto da economia como as leis que regulam as relações econômicas. Assim, a economia deve formular teorias e modelos cujo pressuposto é a racionalidade do "homem econômico", utilizando, para tanto, métodos de quantificação e dedução.

Evolucionismo: em seu sentido mais amplo, é um tipo de teoria que busca explicar os processos de transformação nos quais os estágios posteriores de uma entidade (espécie biológica, cultura, organização social etc.) se definem a partir de estágios anteriores.

Fenomenologia: em seu significado mais estrito, é a denominação dada a um movimento filosófico surgido no início do século XX que defende a utilização de um método que consiste na descrição pura das vivências ou experiências humanas. Influenciou as ciências sociais com suas críticas ao positivismo, além de direcionar as pesquisas para o estudo do "mundo vivido" ou, no caso da geografia, do "espaço vivido".

Geografia ativa: vertente da geografia surgida na França durante os anos 1960. Incorporou teorias e métodos oriundos de outras ciências com o fim de renovar a geografia clássica e dirigir as pesquisas para temas atuais e politizados.

Geografia clássica: fase da história da geografia que vai do início até meados do século XX. Nesse período, o estudo regional era visto como aquele no qual a síntese geográfica se realizava mais plenamente.

Geografia crítica ou geocrítica: corrente que concebe a geografia como uma ciência social cujo objetivo é construir uma crítica radical à sociedade capitalista pelo estudo do espaço e das formas de apropriação da natureza.

Geografia humanista ou humanística: corrente que estuda as experiências de indivíduos e grupos em relação ao espaço com o fim de compreender suas atitudes e valores.

Geografia quantitativa ou teorética: corrente que se formou pela aplicação do método neopositivista à geografia. Propõe que a geografia deve ter um objeto de estudo exclusivo, que é a organização espacial.

Geografia tradicional: corrente para a qual a geografia é uma ciência de síntese ou de contato entre as ciências do homem e da natureza.

Historicismo: visão segundo a qual as ciências humanas e sociais não devem produzir teorias gerais. Seu argumento básico é o de que os fenômenos próprios do homem e da sociedade não são passíveis de explicação causal, sendo inteligíveis apenas em contextos históricos específicos.

Marxismo: termo que faz referência a um método filosófico e científico e a uma teoria crítica do capitalismo elaborados por Karl Marx. Também é usado para designar uma tradição de pensamento filosófico e científico, bem como a várias correntes político--ideológicas de esquerda que têm as obras marxianas como referência básica.

Marxismo vulgar: expressão cunhada por algumas correntes marxistas para criticar as interpretações economicistas e evolucionistas da obra de Marx elaboradas no período da Segunda Internacional Comunista, as quais foram reproduzidas, em suas linhas gerais, pelo "marxismo-leninismo" de Stálin.

Materialismo histórico: dialético: método filosófico e científico desenvolvido por Karl Marx a partir de uma interpretação materialista da dialética de Hegel. Também é chamado *marxismo* ou *método marxista*.

Método científico: conjunto de pressupostos filosóficos derivados de uma teoria do conhecimento específica, a partir dos quais se definem os objetos de estudo de cada ciência e os sistemas de conceitos a serem usados para estudar esses objetos.

Método idiográfico: conjunto de procedimentos aplicados no estudo de fenômenos isolados, como ocorre, por exemplo, nas biografias. Esses procedimentos diferem de uma ciência para outra e são usados geralmente de forma complementar ao método nomotético, auxiliando na formulação de leis.

Método nomotético: conjunto de procedimentos de pesquisa utilizados com o objetivo de elaborar leis ou teorias gerais sobre os fenômenos. Esses procedimentos variam de uma ciência para outra e também de acordo com o referencial teórico-metodológico utilizado pelo pesquisador.

Metodologia científica: conjunto de procedimentos de observação, experimentação e dedução básicos para a produção de teorias gerais. As ciências humanas e sociais não trabalham com a experimentação, mas utilizam metodologias padronizadas de coleta e tratamento de informações empíricas.

Modernidade: período histórico caracterizado pelo predomínio de ideias filosóficas, científicas, estéticas e morais que valorizam a razão e as mudanças históricas em detrimento das tradições. Não há consenso sobre quando começa a modernidade, mas é certo que as ideias modernas já se apresentavam como força histórica importante durante o século XVIII, na Europa Ocidental.

Neokantismo: termo que se refere a um conjunto variado de escolas filosóficas surgidas nas últimas décadas do século XIX, cujo ponto comum era a crítica ao positivismo com base em reinterpretações da obra de Immanuel Kant.

Neopositivismo ou positivismo lógico: corrente do positivismo surgida entre os anos 1920 e 1930. Ela reafirma os princípios positivistas com base em proposições lógicas que valorizam o uso dos métodos estatísticos e da linguagem matemática na elaboração de teorias científicas objetivas e de validade geral.

Pensamento geográfico: conceito que abrange todas

as formas de discurso que versam sobre o espaço, a relação homem-natureza e outros temas geográficos, mesmo quando tais discursos não são produzidos por geógrafos.

Positivismo: em sentido amplo, é um sinônimo do modelo normativo de ciência. Em seu sentido mais preciso, designa uma escola de pensamento filosófico e científico inaugurada por Augusto Comte, a qual se constitui numa afirmação radical da observação como fonte de conhecimento.

Possibilismo: vertente da geografia tradicional que criticava o determinismo ambiental e propunha uma visão relativista das influências naturais sobre o homem.

Racionalismo: visão segundo a qual a razão é capaz de produzir um conhecimento objetivo sobre a realidade, isto é, um conhecimento formado de proposições que são verdadeiras independentemente das opiniões individuais e de valores culturais.

Romantismo: denominação dada a diversas correntes de pensamento filosófico, científico e artístico dos séculos XVIII e XIX que contestavam o racionalismo iluminista.

Teoria da regulação: escola de pensamento econômico que teve origem com os trabalhos de alguns marxistas franceses no final dos anos 1970 e início dos anos 1980. Esses autores procuraram explicar a reprodução da sociedade capitalista pela análise dos "regimes de acumulação" e dos "modos de regulação" da concorrência capitalista, das variáveis macroeconômicas e das relações capital-trabalho.

Teoria marginalista: teoria do valor utilizada pela escola neoclássica de economia. Ela afirma que o valor das mercadorias é definido pela utilidade de cada bem, isto é, sua capacidade de satisfazer necessidades e pela relação entre oferta e procura. Quanto maior a oferta de um bem, maior o número de necessidades que podem ser satisfeitas com ele. Assim, o valor de cada bem é determinado pela sua utilidade marginal, quer dizer, pelos usos dados à última unidade disponível desse bem no mercado.

Referências

ABREU, M. A. O estudo geográfico da cidade no Brasil: evolução e avaliação. Contribuição à história do pensamento geográfico brasileiro. **Revista Brasileira de Geografia**, Rio de Janeiro, v. 56, n. 1/4, p. 21--122, 1994.

ADESINA, A. Geography and postmodernism: a reflective speculation. **Department of Geography**, University of Ibadan, Nigeria, 2008.

ANDRADE, M. C. A construção da geografia brasileira. **RA'E GA**: o espaço geográfico em análise, Curitiba, n. 3, p. 19-34, 1999.

ANDRADE, M. C. **Uma geografia para o século XXI**. Campinas: Papirus, 1994.

BARRACLOUGH, G. (Ed.). **Atlas da história do mundo**. São Paulo: Folha de São Paulo, 1995.

BARROS, N. C. C. **A geografia humana**: uma introdução às suas ideias. Recife: Ed. da UFPE, 1993.

BAULIG, H. A geografia é uma ciência? In: CHRISTOFOLETTI, A. (Org.). **Perspectivas da geografia**. São Paulo: Difel, 1982.

BENKO, G. Modernidade, pós-modernidade e ciências sociais. **Revista do Departamento de Geografia**, São Paulo, n. 13, p. 187-214, 1999.

BERMAN, M. **Tudo que é sólido desmancha no ar**: a aventura da modernidade. São Paulo: Companhia das Letras, 1986.

BERRY, B. Cidades como sistemas dentro de sistemas de cidades. In: FAISSOL, S. (Org.). **Urbanização e regionalização**: relações com o desenvolvimento econômico. Rio de Janeiro: IBGE, 1975.

BUTTIMER, A. Apreendendo o dinamismo do mundo vivido. In: CHRISTOFOLETTI, A. (Org.). **Perspectivas da geografia**. São Paulo: Difel, 1982. p. 165-193.

_____. Le temps, l'espace et le monde vécu. **L'Espace géographique**, n. 4, p. 243-254, 1979.

CAMPOS, R. R. A geografia crítica brasileira na década de 1980: tentativas de mudanças radicais. **Geografia**, Rio Claro, v. 26, n. 3, p. 5-36, 2001.

CAPEL, H. **Geografia humana y ciencias sociales**. 2. ed. Barcelona: Montesinos, 1989.

CAPRA, F. **O Tao da física**: um paralelo entre a física moderna e o misticismo oriental. São Paulo: Cultrix, 1983.

CARLOS, A. F. A. A cidade e a organização do espaço. **Revista do Departamento de Geografia**, São Paulo, n. 1, p. 105-111, 1982.

_____. **Espaço e indústria**. 2. ed. São Paulo: Contexto, 1989.

CARLOS, A. F. A.; ROSSINI, R. E. População e processo de estruturação do espaço geográfico. **Revista do Departamento de Geografia**, São Paulo, n. 2, p. 7-18, 1983.

CARVALHO, M. B. Ratzel: releituras contemporâneas. Uma reabilitação? **Biblio 3W: revista bibliográfica de geografía y ciencias sociales**, Barcelona, v. 25, p. 1-20, abr. 1997.

CHAUI, M. Husserl: vida e obra. In: LOPARIC, Z.; LOPARIC, A. M. A. C. (Org.). **Husserl**. São Paulo: Nova Cultural, 1988. (Coleção Os Pensadores).

CHRISTOFOLETTI, A. As características da nova geografia. In: _____ (Org.). **Perspectivas da geografia**. São Paulo: Difel, 1982a. p. 71-102.

_____. As perspectivas dos estudos geográficos. In: _____ (Org.). **Perspectivas da geografia**. São Paulo: Difel, 1982b.

CHURCH, R. J. H. A escola francesa de geografia. **Boletim geográfico**, Rio de Janeiro, ano 18, n. 157, p. 784-797, jul./ago. 1960.

CLAVAL, P. **A nova geografia**. Coimbra: Almedina, 1982a.

CLAVAL, P. A revolução pós-funcionalista e as concepções atuais da geografia. In: KOZEL, S.; MENDONÇA, F. A. (Org.). **Elementos de epistemologia da geografia contemporânea**. Curitiba: Ed. da UFPR, 2002. p. 11-46.

_____. Evolución de la geografía humana. Barcelona: Oikos-tau, 1974.

_____. Les grandes coupures de l'histoire de la géographie. Hérodote, Paris, n. 25, p. 129-151, 1982b.

COMTE, A. **Discurso sobre o espírito positivo**. São Paulo: M. Fontes, 1990.

CORRÊA, R. L. **Regionalização e organização espacial**. 3. ed. São Paulo: Ática, 1991.

COSTA, W. M. **Geografia política e geopolítica**: discursos sobre o território e o poder. São Paulo: Hucitec/Edusp, 1992.

_____. O espaço como categoria de análise. **Revista do Departamento de Geografia**, São Paulo, n. 2, p. 45-54, 1983.

COSTA, W. M.; MORAES, A. C. R. **A valorização do espaço**. São Paulo: Hucitec, 1984.

DE MARTONNE, E. Tratado de geografia física. In: GODINHO, V. M. (Org.). **Panorama da geografia**. Lisboa: Edições Cosmos, 1953, v. 1, livro 1.

DIAMOND J. Origens do atraso. **Época**, São Paulo, n. 182, 12 nov. 2001. Entrevista concedida a Alexandre Mansur.

DINIZ FILHO, L. L. **A dinâmica regional recente no Brasil**: desconcentração seletiva com "internacionalização" da economia nacional. 2000. 254 f. Tese (Doutorado em Geografia Humana) – Departamento de Geografia, Faculdade de Filosofia, Letras e Artes, Universidade de São Paulo, São Paulo, 2000.

_____. A geografia crítica brasileira: reflexões sobre um debate recente. **Geografia**, Rio Claro, v. 28, n. 3, p. 307-322, set./dez. 2003.

_____. Certa má herança marxista: elementos para repensar a geografia crítica. In: KOZEL, S.; MENDONÇA, F. A. (Org.). **Elementos de epistemologia da geografia contemporânea**. Curitiba: Editora da UFPR, 2002. p. 77-108.

ENTRIKIN, J. N. Contemporary humanism in geography. **Boletim geografia Teorética**, Rio Claro, v. 10, n. 19, p. 5-30, 1980.

FEBVRE, L. A terra e a evolução humana: introdução geográfica à história. In: GODINHO, V. M. (Org.). **Panorama da geografia**. Lisboa: Edições Cosmos, 1953. v. 2, livro 3.

GALLAIS, J. Alguns aspectos do espaço vivido nas civilizações do mundo tropical. In: CORRÊA, R. L.; ROSENDAHL, Z. (Org.). **Geografia cultural**: um século (3). Rio de Janeiro: EdUERJ, 2002.

GALLINA, A. L. A concepção cartesiana de natureza. **Ciência & Ambiente**, Santa Maria, n. 28, p. 29-40, jan./jun. 2004.

GEORGE, P. **A ação do homem**. São Paulo: Difusão Europeia do Livro, 1970.

_____. Reflexões sobre a noção de região em geografia e sua aplicação. **Boletim Paulista de Geografia**, São Paulo, n. 45, p. 5-15, jun. 1968.

_____. **Os métodos da geografia**. São Paulo: Difusão Europeia do Livro, 1972. (Coleção Saber Atual).

GEORGE, P.; KAYSER, B. A região como objeto de intervenção. In: GEORGE, P. et al. **A geografia ativa**. 2. ed. São Paulo: Difusão Europeia do Livro, 1968.

GERARDI, L. H. O. **Considerações sobre a escolha de variáveis para aplicação da análise sistêmica à atividade agrícola**. São Paulo: Instituto de Geografia da Universidade de São Paulo, 1974. (Série Métodos em Questão, n. 8).

GIANNOTTI, J. A. Marx: vida e obra. In: _____ (Org.). **Manuscritos econômico-filosóficos e outros textos escolhidos**. 3. ed. São Paulo: Abril Cultural, 1985. p. I-XIX. (Coleção Os Pensadores).

_____. **Origens da dialética do trabalho**. São Paulo: Difusão Europeia do Livro, 1966.

GOMES, H. A geografia e suas implicações no subdesenvolvimento do Terceiro Mundo. **Boletim Paulista de Geografia**, São Paulo, n. 59, p. 43-58, 1982.

GOMES, P. C. C. **Geografia e modernidade**. 4. ed. Rio de Janeiro: Bertrand Brasil, 2003.

GONÇALVES, M. C. F. Pode a natureza humana ser bela? A filosofia da natureza na Alemanha do século XIX. **Ciência & Ambiente**, Santa Maria, n. 28, p. 29-40, jan./jun. 2004.

GONÇALVES, C. W. P.; AZEVEDO, N. M. A geografia do imperialismo: uma introdução. **Boletim Paulista de Geografia**, São Paulo, n. 59, 1982.

GONÇALVES, C. W. P. **Os (des)caminhos do meio ambiente**. São Paulo: Contexto, 1989.

HAMM, C. Natureza em Kant. **Ciência & Ambiente**, Santa Maria, n. 28, p. 29-40, jan./jun. 2004.

HARTSHORNE, R. **Propósitos e natureza da geografia**. São Paulo: Hucitec, Edusp, 1978. (Coleção Geografia, Teoria e Realidade, s.n.).

HARVEY, D. **A condição pós-moderna**: uma pesquisa sobre as origens da mudança cultural. São Paulo: Loyola, 1994.

_____. **A justiça social e a cidade**. São Paulo: Hucitec, 1980.

_____. **The limits to capital**. Oxford: Basil Blackwell, 1982.

HETTNER, A. O sistema das ciências e o lugar da geografia. **GEOGRAPHIA**, Niterói (RJ), ano II, n. 3, p. 141-146, 2000.

HIRSCHMAN, A. O. Desenvolvimento por efeitos em cadeia: uma abordagem generalizada. **Estudos Cebrap**, São Paulo, n. 18, p. 6-44, 1976.

KAERCHER, N. A. Quando a geografia crítica é um pastel de vento e nós, seus professores, Midas. In: COLÓQUIO INTERNACIONAL DE

GEOCRÍTICA, 9. 2007. Porto Alegre. [**Trabalhos apresentados**]. Porto Alegre: UFRGS, 2007 Disponível em: <http://www.ub.es/geocrit/9porto/nestor.htm>. Acesso em: 12 ago. 2007.

KANT, I. **Crítica da razão pura**. Lisboa: Fundação Calouste Gulbenkian, 1985.

KAYSER, B. A região como objeto de estudo da geografia. In: GEORGE, P. et al. **A geografia ativa**. 2. ed. São Paulo: Difusão Europeia do Livro, 1968.

KILMINSTER, R. Fenomenologia. In: OUTHWAITE, W.; BOTTOMORE, T. (Ed.). **Dicionário do pensamento social do século XX**. Rio de Janeiro: J. Zahar, 1996.

KOZEL, S.; MENDONÇA, F. A. (Org.). **Elementos de epistemologia da geografia contemporânea**. Curitiba: Ed. da UFPR, 2002.

KRUGMAN, P. **Development, geography and economic theory**. Cambridge: MIT Press, 1995.

_____. **Geography and trade**. 5th. ed. Cambridge: MIT Press & Leuveun University Press, 1994.

LA BLACHE, P. V. As características próprias da geografia. In: CHRISTOFOLETTI, A. (Org.). **Perspectivas da geografia**. São Paulo: Difel, 1982.

LACOSTE, Y. **A geografia**: isso serve, em primeiro lugar, para fazer a guerra. 2. ed. Campinas: Papirus, 1989.

LENCIONI, S. **Região e geografia**: uma introdução ao estudo da noção de região. São Paulo, 1997. 261 f. Tese (Livre Docência em Geografia Humana) – Departamento de Geografia, Faculdade de

Filosofia, Letras e Artes, Universidade de São Paulo, São Paulo, 1997

MARTINS, L. L. A natureza da paisagem em Friedrich Ratzel. In: V CONGRESSO BRASILEIRO DE GEÓGRAFOS, 1994. Curitiba. **Resumos**. Curitiba: AGB, 1994.

MARX, K. Manuscritos econômico-filosóficos. In: GIANNOTTI, J. A. (Org.). **Manuscritos econômico-filosóficos e outros textos escolhidos**. 3. ed. São Paulo: Abril Cultural, 1985a. (Coleção Os Pensadores).

_____. Teses contra Feuerbach. In: GIANNOTTI, J. A. (Org.). **Manuscritos econômico-filosóficos e outros textos escolhidos**. 3. ed. São Paulo: Abril Cultural, 1985b. (Coleção Os Pensadores).

MENDONÇA, F. A. **Geografia física**: ciência humana? São Paulo: Contexto, 1989.

_____. Geografia socioambiental. In: KOZEL, S.; MENDONÇA, F. A. (Org.). **Elementos de epistemologia da geografia contemporânea**. Curitiba: Ed. da UFPR, 2002.

MORAES, A. C. A. A geografia tradicional e sua renovação. **Borrador**, São Paulo, n. 1, 1982.

_____. Renovação da geografia e filosofia da educação. In: OLIVEIRA, A. U. (Org.). **Para onde vai o ensino de geografia?** 3. ed. São Paulo: Contexto, 1991.

MORAES, A. C. R. **A gênese da geografia moderna**. 2. ed. São Paulo: Hucitec; Annablume, 2002.

MORAES, A. C. R. A antropogeografia de Ratzel: indicações. In: _____

(Org.). **Ratzel**. São Paulo: Ática, 1990. (Coleção Grandes Cientistas Sociais).

_____. Epistemologia e geografia. **Orientação**, São Paulo, n. 6, p. 75- -80, 1985.

_____. **Geografia**: pequena história crítica. São Paulo: Hucitec, 1984.

MORAES, A. C. R. **Ideologias geográficas**: espaço, cultura e política no Brasil. São Paulo: Hucitec, 1988.

_____. **Meio ambiente e ciências humanas**. 2. ed. São Paulo: Hucitec, 1997.

MOREIRA, R. A geografia serve para desvendar máscaras sociais (ou para repensar a geografia). **Território Livre**, São Paulo, n. 1, 1979.

_____. Introdução: o saber geográfico: para que/quem serve?. In: _____ (Org.). **Geografia**: teoria e crítica. Petrópolis: Vozes, 1982.

_____. Assim se passaram dez anos (a renovação da geografia no Brasil no período 1978-1988). **Geographia**, Niterói, ano 2, n. 3, p. 25-50, jun. 2000.

_____. Novos temas, velhas formas. In: KOZEL, S.; MENDONÇA, F. A. (Org.). **Elementos de epistemologia da geografia contemporânea**. Curitiba: Ed. da Ufpr, 2002.

MORENTE, M. G. **Fundamentos de filosofia**. 4. ed. São Paulo: Mestre Jou, 1970.

MOTTA, D. M. (Org.). **Caracterização e tendências da rede urbana do Brasil**: redes urbanas regionais: Sul. Ipea, Ibge, Unicamp/Ie/Nesur, Ipardes. Brasília: Ipea, 2000.

MÜLLER FILHO, I. L. Considerações para uma compreensão da abordagem clássica em geografia. **Geografia**, Rio Claro, v. 13, n. 25, p. 1-20, 1988.

NAVARRA, C. T. **Sistemas reais e sistemas conceituais**. São Paulo: Instituto de Geografia da Universidade de São Paulo, 1973. (Série Métodos em Questão, n. 5).

OLIVEIRA, A. U. Educação e ensino de geografia na realidade brasileira. In: _____ (Org.). **Para onde vai o ensino de geografia?** 3. ed. São Paulo: Contexto, 1991.

_____. **Modo capitalista de produção e agricultura**. 2. ed. São Paulo: Ática, 1987.

_____. O modo capitalista de pensar e suas "soluções desenvolvimentistas" para os desequilíbrios regionais no Brasil: reflexões iniciais. **Revista do Departamento de Geografia**, São Paulo, n. 3, p. 21-36, 1983.

_____. Reflexões sobre o imperialismo: a incorporação do Brasil ao capitalismo internacional. **Boletim Paulista de Geografia**, São Paulo, n. 59, p. 59-114, 1982.

OUTHWAITE, W.; BOTTOMORE, T. (Ed.). **Dicionário do pensamento social do século XX**. Rio de Janeiro: J. Zahar, 1996.

PAULO NETTO, J. **Crise do socialismo e ofensiva neoliberal**. 3. ed. São Paulo: Cortez, 2001. (Coleção Questões da Nossa Época, v. 20).

PERROUX, F. O conceito de polo de crescimento. In: FAISSOL, S. (Org.). **Urbanização e regionalização**: relações com o desenvolvimento econômico. Rio de Janeiro: IBGE, 1975.

QUAINI, M. **A construção da geografia humana**. Rio de Janeiro: Paz e Terra, 1983.

RAFFESTIN, C. **Por uma geografia do poder**. São Paulo: Ática, 1993.

RICHARDSON, H. W. **Economia regional**: teoria da localização, estrutura urbana e crescimento regional. 2. ed. Rio de Janeiro: J. Zahar, 1981.

RIGHI, R. A estratégia dos polos industriais como instrumento para o desenvolvimento regional e a sua aplicabilidade no estado de São Paulo. São Paulo, 1989. 287 f. Tese (Doutorado) – Faculdade de Arquitetura e Urbanismo, Universidade de São Paulo, São Paulo, 1989.

RITTER, C. **Algumas notas acerca do ensino metódico na geografia**. Tradução de Wolf-Dietrich Zahr. Curitiba: Ed. da UFPR, 2008a. No prelo.

_____. **A geografia na sua relação com a natureza e com a história do homem ou geografia geral e comparativa**. Tradução de Wolf--Dietrich Zahr. Curitiba: Ed. da UIFPR, 2008b. No prelo.

RODRIGUES, M. L. E. O processo de produção do espaço: um exercício teórico-metodológico. **Boletim Paulista de Geografia**, São Paulo, n. 60, p. 21-46, 1984.

ROMARIZ, D. A. **Humboldt e a fitogeografia**. São Paulo: Lemos Editorial & Gráficos, 1996.

SANTOS, B. S. **Introdução a uma ciência pós-moderna**. Rio de Janeiro: Graal, 2000.

SANTOS, B. S. Introdução geral à coleção. In: _____ (Org.).

Democratizar a democracia: os caminhos da democracia participativa. Rio de Janeiro: Civilização Brasileira, 2002, (Reinventar a Emancipação Social: para Novos Manifestos, v. 1).

Santos, B. S. Socialismo do século 21. **Folha de São Paulo**, São Paulo, 7 de junho de 2007.

SANTOS, D. Estado Nacional e capital monopolista. OLIVEIRA, A. U. (Org.). **Para onde vai o ensino de geografia?** 3. ed. São Paulo: Contexto, 1991.

SANTOS, M. Para que a geografia mude sem ficar a mesma coisa. **Boletim Paulista de Geografia**, São Paulo, n. 59, p. 5-22, 1982.

_____. **Por uma geografia nova**: da crítica da geografia a uma geografia crítica. São Paulo: Edusp; Hucitec, 1978.

_____. Geografia, marxismo e subdesenvolvimento. In: PINTO, J. M. G. (Coord.). **Reflexões sobre a geografia**. São Paulo: AGB, 1980.

_____. **Por uma outra globalização**. São Paulo: Record, 2000.

_____. **A natureza do espaço**: técnica e tempo; razão e emoção. São Paulo: Anpur; Hucitec, 1996.

SARTRE, J. P. **O existencialismo é um humanismo**. São Paulo: Abril Cultural, 1973. (Coleção Os Pensadores, v. XLV).

SARTRE, J. P. et al. **Marxismo e existencialismo (controvérsia sobre a dialética)**. Rio de Janeiro: Tempo Brasileiro, 1966.

SCHAEFER, Fred K. O excepcionalismo na geografia: um estudo metodológico. **Boletim de Geografia Teorética**, Rio Claro, v. 7, n. 13, p. 5-37, 1977.

SEABRA, M. F. G. A economia da América. **Boletim Paulista de**

Geografia, São Paulo, n. 59, p. 115-159, 1982.

SILVA, A. C. A renovação geográfica no Brasil – 1976/1983 (as geografias crítica e radical em uma perspectiva teórica). **Boletim Paulista de Geografia**, São Paulo, n. 60, 1984.

SINGER, P. et al. Adeus ao socialismo? **Novos Estudos**, São Paulo, Cebrap, n. 30, 1991.

SOJA, E. W. **Geografias pós-modernas**: a reafirmação do espaço na teoria social crítica. Rio de Janeiro: J. Zahar, 1993.

_____. Uma interpretação materialista da espacialidade. In: BECKER, B. K. et al. (Org.). **Abordagens políticas da espacialidade**. Rio de Janeiro: Ed. da UFRJ/Departamento de Geografia, 1983.

SORRE, M. A noção de gênero de vida e seu valor atual. In: CORRÊA, R. L.; ROSENDAHL, Z. (Org.). **Geografia cultural**: um século (3). Rio de Janeiro: EdUERJ, 2002.

SPOSITO, E. S. Pequenas argumentações para uma temática complexa. In: KOZEL, S.; MENDONÇA, F. A. (Org.). **Elementos de epistemologia da geografia contemporânea**. Curitiba: Ed. da UFPR, 2002.

TATHAM, G. A geografia no século XIX. **Boletim Geográfico**, Rio de Janeiro, ano 18, n. 157, p. 551-578, jul./ago. 1960.

TUAN, Y. Geografia humanística. In: CHRISTOFOLETTI, A. (Org.). **Perspectivas da geografia**. São Paulo: Difel, 1982.

_____. **Topofilia**: um estudo da percepção, atitudes e valores do meio ambiente. São Paulo: Difel, 1980.

VASCONCELOS, J. A. A história como arte. In: _____. **Metodologia do ensino de história**. Curitiba: Ibpex, 2008.

VLACH, V. Papel do ensino de geografia na compreensão de problemas do mundo atual. In: COLÓQUIO INTERNACIONAL DE GEOCRÍTICA, 9., 2007, Porto Alegre. Disponível em: <http://www.ub.es/geocrit/9porto/vlach.htm>. Acesso em: 18 ago. 2007.

VESENTINI, J. W. Ensino da geografia e luta de classes. Orientação, São Paulo, n. 5, p. 33-36, 1984.

_____. Geografia crítica e ensino. Orientação, São Paulo, n. 6, p. 53-58, 1985.

_____. Apresentação: Geografia e liberdade em Piotr Kropotkin. **Seleção de Textos**, São Paulo, n. 13, p. I-XX, 1986.

_____. A geografia crítica no Brasil: uma interpretação depoente. Departamento de Geografia – Fflch-Usp, out. 2001. Disponível em: <http://www.geocritica.hpg.ig.com.br/geocritica04-6.htm>. Acesso em: 29 jun. 2006.

VIEIRA, C. T. **O pensamento crítico na educação científica**. Lisboa: Horizonte Pedagógico, 2000.

WACQUANT, L. J. D. Positivismo. In: OUTHWAITE, W.; BOTTOMORE, T. (Ed.). **Dicionário do pensamento social do século XX**. Rio de Janeiro: J. Zahar, 1996.

WETTSTEIN, G. O que se deveria ensinar hoje em geografia. In: OLIVEIRA, A. U. (Org.). **Para onde vai o ensino de geografia?** 3. ed. São Paulo: Contexto, 1991.

Bibliografia comentada

CHRISTOFOLETTI, A. (Org.). **Perspectivas da geografia**. São Paulo: Difel, 1982.

O livro se inicia com um artigo do organizador, o qual faz uma síntese das principais correntes da geografia. Seguem-se treze artigos agrupados de acordo com as correntes comentadas, bem como escritos por autores representativos de cada uma delas. Essa obra é recomendável para quem deseja se aprofundar no estudo da epistemologia da geografia, pois dá voz a todas as perspectivas, em vez de interpretá-las com base numa única visão.

KOZEL, S.; MENDONÇA, F. A. (Org.). **Elementos de epistemologia da geografia contemporânea**. Curitiba: Ed. da UFPR, 2002.

Essa coletânea atualiza a anterior, ao menos para a geografia brasileira. Ela se inicia com um artigo de Paul Claval a respeito da história da disciplina e de suas vertentes, ao qual se seguem artigos agrupados segundo três tendências atuais, que são a geografia crítica, a geografia cultural e a geografia ambiental.

CORRÊA, R. L.; ROSENDAHL, Z. (Org.). **Manifestações da cultura no espaço**. Rio de Janeiro: EdUERJ, 1999. (Série Geografia Cultural).

Assim como os artigos de geografia cultural da coletânea anterior, esse livro e os demais da mesma série apresentam a grande diversidade epistemológica desse ramo da geografia. É importante ter isso em mente, já que muitos geógrafos tendem a associar automaticamente a fenomenologia e outras abordagens humanistas com a geografia cultural – o que não é correto, já que tais abordagens são apenas algumas entre muitas outras.

MOREIRA, R. **Para onde vai o pensamento geográfico?** Por uma epistemologia crítica. São Paulo: Contexto, 2006.

Um aspecto interessante dessa obra é que ela revisa algumas interpretações antigas do autor que foram muito influentes na geografia brasileira, tais como suas críticas a Ratzel.

GOMES, P. C. C. **Geografia e modernidade**. 4. ed. Rio de Janeiro: Bertrand Brasil, 2003.

O autor faz uma análise interessante sobre a história da geografia, na qual demonstra as relações entre as suas mudanças de paradigma e as transformações do projeto da modernidade. Os debates acerca da dualidade entre geografia geral e geografia regional aparecem, assim, como manifestações da tensão entre os dois "polos da modernidade", ou seja, entre os modelos de ciência que se afirmam na busca de leis gerais e aqueles que se sustentam na crítica dessa visão racionalista.

Gabarito

Capítulo 1

Atividades de Autoavaliação

1. c
2. d
3. c
4. d
5. a

Atividades de Aprendizagem

Questões para Reflexão

1. Essa questão enfatiza o caráter histórico da produção do conhecimento científico, como as mudanças temáticas e de paradigmas, bem como a diversidade das formas culturais de interpretação de questões consideradas geográficas.
2. Não existe um modelo único de ciência, mas sim um debate permanente entre o modelo normativo, com suas muitas variantes e as propostas alternativas. A pergunta solicita uma reflexão sobre a incorporação do modelo normativo pelos fundadores da geografia no intuito de facilitar a nossa compreensão sobre os debates epistemológicos travados ao longo da história da geografia.
3. Assim como as duas questões anteriores, esta põe em realce que a história de uma disciplina é também um objeto de estudo, implicando, portanto, interpretações sobre o papel dos autores e ideias consideradas importantes na formação e transformação da disciplina.

Capítulo 2

Atividades de Autoavaliação

1. a
2. c
3. d
4. c
5. b

Atividades de Aprendizagem

Questões para Reflexão

1. Essa pergunta nos leva a refletir sobre as diferenças entre as ciências humanas e as ciências da natureza, além de chamar atenção para o fato de que as opções metodológicas relacionam-se às definições de objeto de estudo de cada ciência.
2. O enunciado da questão põe em foco a visão popularizada sobre as teorias de Ratzel e nos leva a refletir sobre a maneira pela qual esse autor procurou realmente estabelecer as bases científicas para o estudo das relações entre homem e meio.
3. Essa pergunta nos leva a pensar sobre a relação entre a proposta de objeto de estudo de cada geógrafo e os conceitos centrais empregados para realizar tais propostas. Serve também para evidenciar que os conceitos utilizados pelos cientistas, mesmo quando se referem aos dados da observação, nunca são isentos de debates.

Capítulo 3

Atividades de Autoavaliação

1. b
2. a
3. d
4. a
5. c

Atividades de Aprendizagem

Questões para Reflexão

1. A questão põe em evidência o embate entre o modelo normativo de ciência, que valoriza a busca de explicações gerais, e as propostas que, mesmo sem se contraporem a esse modelo, atribuíam ao

estudo de objetos únicos um valor em si mesmo.
2. A questão se refere a um debate que atravessa toda a história da geografia, mas com foco num momento em que se buscou responder a ela de uma forma até então inédita, já que ancorada numa afirmação radical da ciência positivista.
3. Essa pergunta simples e direta solicita uma reflexão sobre uma tendência da geografia que tem na ambiguidade de suas propostas um reflexo claro das novas questões epistemológicas, éticas e políticas que se apresentaram diante do paradigma clássico com o avanço da industrialização, da urbanização e das funções planejadoras do Estado.

Capítulo 4

Atividades de Autoavaliação

1. d
2. b
3. c
4. c
5. d

Atividades de Aprendizagem

Questões para Reflexão

1. Essa pergunta chama atenção para o fato de que as epistemologias surgidas com a crise do modelo clássico voltam-se mais para a noção de espaço do que para a de região ou de paisagem. Serve também para levar a uma reflexão sobre as grandes diferenças entre os conteúdos atribuídos a cada conceito, em função das propostas de objeto de estudo de cada corrente.
2. Essa questão possibilita a reflexão sobre os pressupostos teórico-metodológicos, éticos e políticos que dão unidade a essa tendência, os quais estão presentes na maioria dos trabalhos de geografia publicados no Brasil de hoje, embora já não muitos sejam os geógrafos atuais que se rotulem como *críticos* e que explicitem a ligação dos seus trabalhos com a origem da geocrítica.
3. Essa questão nos conduz a uma reflexão sobre um debate que atravessa toda a história da disciplina e que encontra novas resoluções segundo a concepção de ciência e o paradigma epistemológico vigentes em cada tendência.

Nota sobre o autor

Luis Lopes Diniz Filho nasceu em São Paulo. É bacharel (1990) e licenciado (1998) em Geografia pela Universidade de São Paulo – USP, tendo obtido os títulos de mestre (1994) e doutor (2000) em Geografia Humana por essa mesma universidade. Atualmente, é professor do Departamento de Geografia da Universidade Federal do Paraná – UFPR, onde já lecionou, entre outras, as disciplinas de Epistemologia da Geografia e Metodologia Científica, nos níveis de graduação e de pós-graduação. Possui vários artigos publicados em periódicos especializados, como as revistas *Terra Livre* e *RA'E GA*, e é autor de ensaios publicados em coletâneas, como os livros *Elementos de epistemologia da geografia contemporânea* e *Que país é esse?: pensando o Brasil contemporâneo*.

Os papéis utilizados neste livro, certificados por instituições ambientais competentes, são recicláveis, provenientes de fontes renováveis e, portanto, um meio **responsável** e natural de informação e conhecimento.

FSC
www.fsc.org
MISTO
Papel produzido a partir de fontes responsáveis
FSC® C103535

Impressão: Reproset
Janeiro/2023